Pruebas Biblicas Sobre la Iglesia Restaurada

y

Pruebas de la Biblia Sobre El Libro de Mormón

Pruebas Biblicas Sobre la Iglesia Restaurada

y

Pruebas de la Biblia Sobre El Libro de Mormón

Duane S. Crowther

Traducción por
Andrea Villanueva

primera edición: Augosto 2004

Número uniforme internacional:
0-88290-765-4

Número de catálogo de Horizon Publishers:
H2107

Impreso
en los E.E.U.U. por

CEDAR FORT

Dirección de correo:
925 North Main
Springville, Ut 84663

Teléfono: (801) 489-4084
Teléfono WATS (libre de gastos)**:** 1 (800) SKY-BOOK
FAX: (801) 489-1097

www.cedarfort.com

Tabla de Contenidos

1

Pruebas Bíblicas Sobre la Iglesia Restaurada

Mis queridos Hermanos, Hermanas y Amigos:

Estoy muy agradecido por la oportunidad de estar aquí con ustedes y considero un gran honor haber sido invitado para dirigirles unas palabras. Quiero agradecer la dulce oración ofrecida al inicio de la reunión, y a la vez decirles que he estado orando y buscando el Espíritu del Señor para que me acompañe este día, ya que deseo hablarles sobre tres de los temas más importantes de las enseñanzas del Evangelio de Jesucristo.

Panorama General: La Apostasía y la Restauración

Revisemos juntos dos de las doctrinas básicas que se enseñan en repetidas ocasiones en su Biblia:

La primera es la enseñanza de que habría una apostasía universal, cuando la autoridad de la Iglesia de Cristo sería quitada completamente de la tierra, alrededor del segundo siglo d.C.,

La segunda es la doctrina Bíblica de que Dios restauraría Su Iglesia y el evangelio nuevamente aquí sobre la tierra en los últimos días.

Primeramente, voy a resumir estas doctrinas, y luego me gustaría que leyéramos las escrituras a fin de tener una mejor comprensión de dichas enseñanzas, e invitarles a que busquemos cada una de ellas en la Biblia, si es que la trajeron. Pero si no trajeron sus escrituras, les voy a pedir que anoten la referencia de estos pasajes, y luego en sus casas, revisen éstos y otros pasajes de la Biblia que hablan sobre estos temas. Sería muy interesante que dediquen un poco de su tiempo para renovar la interpretación que tienen acerca de estas escrituras tan importantes sobre la Iglesia de Jesucristo.

Doctrina No. 1: Creemos que Jesucristo en Su día, organizó Su iglesia aquí sobre la tierra y que llamó a varios hombres para que trabajaran en ella, dándoles poder y autoridad para obrar en Su nombre, ordenándoles a su Santo Sacerdocio. Este sacerdocio se extendió hacia otros hombres por medio de una serie o "cadena" de ordenaciones, por aquéllos que tenían ese Sacerdocio y estaban autorizados para ordenar a otros hombres. Cristo fundamentó Su Iglesia sobre apóstoles y profetas, y estos líderes de la Iglesia recibían revelación de Él. Cada una de estas características que Cristo estableció en Su Iglesia fue una característica de la Iglesia verdadera de Jesucristo.

Creemos que hubo un tiempo—poco después de la muerte del Salvador—cuando sus principales seguidores, sus 12 apóstoles y otros discípulos claves, fueron apresados uno por uno y muertos por la causa. Al morir cada uno de ellos, hubo un rompimiento en la cadena de autoridad que Cristo había establecido, y por lo tanto hubo un derrumbe, o una apostasía—desviándose de las doctrinas de Dios para abrazar las doctrinas de los hombres, que personas que no tenían la autoridad para hacerlo ni para obrar en el nombre de Cristo enseñaban. Creemos que las escrituras claramente nos indican que habría una apostasía, y la Biblia describe que en los tiempos de Pablo y sus contemporáneos ya había empezado esta apostasía.

La Biblia nos dice que habría una gran apostasía durante la cual Satanás desataría guerras entre los antiguos santos y los vencería, sustituyendo la Iglesia establecida por Jesucristo, por una iglesia falsa y sin autoridad para obrar en el nombre de Dios. También nos enseña que Dios en su sabiduría, dispondría que Su Iglesia fuera restaurada nuevamente en los últimos días, en preparación para el retorno triunfal del Salvador.

Una de las enseñanzas principales de la Biblia es que habría una apostasía general en la cual el poder y la autoridad para obrar en el nombre de Jesucristo sería quitada completamente de la faz de la tierra. Nosotros creemos que para que una iglesia sea la Iglesia verdadera de Jesucristo hoy día, deberá aceptar como doctrina principal, la doctrina de que hubo una apostasía general después de Cristo, durante la cual la autoridad para representar a Jesucristo fue quitada por completo de la tierra.

Doctrina No. 2: Nosotros creemos que Jesús, debido al gran amor que sentía por su pueblo, tuvo a bien *restaurar* Su Iglesia y Su evangelio aquí sobre la tierra en estos últimos días. Así como la Biblia nos dice que habría una apostasía, también claramente y sin equivocación alguna proclama que habría una restauración del evangelio y de la Iglesia en estos últimos días. Nosotros creemos que si una iglesia en la actualidad es verdaderamente la iglesia de Jesucristo, deberá ser una iglesia restaurada. Deberá aceptar y predicar las doctrinas contenidas en la Biblia sobre la apostasía universal y la doctrina de la restauración de la Iglesia de Jesucristo. Deberá proclamar dicha iglesia ser la iglesia restaurada de Jesucristo y poder explicar, paso a paso, cada acontecimiento histórico en los que se cumplieron las muchas profecías que encontramos en la Biblia acerca de la restauración.

Yo sé de una sola iglesia que acepta plenamente tanto la doctrina Bíblica sobre la apostasía como la de la restauración, y que literalmente asevera ser la iglesia restaurada de Jesucristo—la única iglesia con la autoridad legítima del sacerdocio para representar a Cristo hoy día es La Iglesia de Jesucristo de los Santos de los Últimos días—los Mormones. La fuerza de sus doctrinas fundamentadas en la Biblia, junto con la devoción de aproximadamente 60.000 misioneros activos que están cumpliendo misiones de tiempo completo o de medio tiempo, pagando sus propios gastos y con la ayuda del Espíritu Santo, han hecho que esta iglesia sea una de las de mayor crecimiento. En estos días de aflicciones espirituales, cuando muchas denominaciones Cristianas están declinando, la Iglesia restaurada de Jesucristo se está extendiendo rápidamente en todo el mundo, preparando el camino para la venida de nuestro Señor y Salvador.

Mi propósito al estar aquí con ustedes, es testificarles que la Biblia habla ampliamente sobre estas dos doctrinas y para ayudarles a comprender la infinidad de escrituras en la Biblia que nos enseñan esta importante doctrina. He tenido que escoger sólo los pasajes que serían más apropiados porque sabía que no dispondría de mucho tiempo. Me gustaría que sacaran sus escrituras, que conforme vayamos hablando de ellas anotaran las referencias, y luego, con una oración en sus corazones, vuelvan a leerlas en sus casas.

Profecías de la Biblia sobre la Apostasía

Las Profecías de Pablo: —No Sufrirán la Sana Doctrina

Primeramente hablemos sobre la doctrina de la apostasía universal. Abramos nuestras Biblias en el libro de ***Hechos, capítulo 20, versículos del 28 al 30***. Aquí Pablo está hablando a una congregación en Efeso durante una visita y les hace una advertencia muy específica. ¿Ya tienen la referencia? Hechos 20:28-30, y dice: “Por tanto, mirad por vosotros, y por todo el rebaño en que el Espíritu

Santo os ha puesto por obispos, para apacentar la iglesia del Señor, la cual él ganó por su propia sangre. Porque yo sé que después de mi partida entrarán en medio de vosotros lobos rapaces que no perdonarán al rebaño. Y de vosotros mismos se levantarán hombres que hablen cosas perversas para arrastrar tras sí a los discípulos".

Nos percatamos de que Pablo sabía que poco después de su partida de esa congregación, los santos en Efeso comenzarían a presenciar la apostasía. Les advirtió que personas, que no eran de la Iglesia, vendrían tratando de atraer seguidores aun de entre sus miembros, y que la gente comenzaría a cambiar las doctrinas de Cristo y a sustituirlas por doctrinas de hombres.

Veamos ahora en ***Segunda de Timoteo,*** casi al final del Nuevo Testamento, ***capítulo cuatro, versículos tres y cuatro*** donde al escribir a uno de sus conversos un hombre valiente que respondía al nombre de Timoteo, le advierte: "Porque vendrá tiempo cuando no sufrirán la sana doctrina, sino que teniendo comezón de oír, se amontonarán maestros conforme a sus propias concupiscencias, y apartarán de la verdad el oído y se volverán a las fábulas". Esta fue la advertencia que Pablo hizo a Timoteo.

Un poco antes, en la misma carta en ***Segunda de Timoteo, capítulo tres, versículos del uno al cinco,*** hizo otra advertencia acerca de la apostasía que vendría, y le dijo a Timoteo: "También debes saber esto: que en los postreros días vendrán tiempos peligrosos. Porque habrá hombres amadores de sí mismos, avaros, vanagloriosos, soberbios, blasfemos, desobedientes a los padres, ingratos, impíos, sin afecto natural, implacables, calumniadores, intemperantes, crueles, aborrecedores de lo bueno, traidores, impetuosos, infatuados, amadores de los deleites más que de Dios, que tendrán apariencia de piedad, pero negarán la eficacia de ella; a éstos evita".

Esa fue la descripción de Pablo acerca de los que vendrían en los últimos días, cuando los hombres tendrían la forma y apariencia de piedad pero les faltaría la autoridad para obrar en el nombre de Dios. Le advirtió a Timoteo que el tiempo estaba cerca y que aun en esos días, deberían alejarse de los hombres que los llevarían por otro camino.

Pablo Predijo Características que Identifican a la Iglesia Apóstata

Regresemos ahora un libro antes en el Nuevo Testamento, o sea ***Primera de Timoteo, capítulo cuatro, versículos del uno al tres,*** donde encontramos una de las profecías más específicas dentro de las escrituras acerca de esa iglesia que se formaría, pero que cambiaría sus doctrinas para que fuesen muy diferentes a las doctrinas de Jesucristo, y esto fue lo que Pablo escribió: "Pero el Espíritu dice claramente que en los postreros tiempos algunos apostatarán de la fe, escuchando a espíritus engañadores y a doctrinas de demonios; por la hipocresía de mentirosos que, teniendo cauterizada la conciencia . . . ".

Y aquí encontramos las características por las cuales identificó a esa iglesia apóstata— como una iglesia que "prohibirán casarse, y mandarán abstenerse de comer carne". Dice ***Timoteo en 4:3:*** "Prohibirán casarse, y mandarán abstenerse de alimentos que Dios creó". Al decir alimentos que Dios creó ¿se interpreta como comer carne? Veamos ahora, ¿cuál iglesia apareció en los primeros dos o tres siglos después de la muerte de Cristo? y ¿cuáles son dos de las doctrinas por las cuales se puede identificar a esa iglesia actualmente? Nosotros conocemos a una denominación que dice remontarse en el tiempo y que el primer Papa fue el apóstol Pedro. Por supuesto, los Santos de los Ultimos Días están de acuerdo en que Pedro fue el líder de la iglesia en tiempos de Cristo, pero nosotros no pensamos que Pedro fue el primer Papa. El liderazgo papal no comenzó sino hasta muchos años después.

Pero la iglesia que existió después del tiempo de Pedro ha sido identificada durante mucho tiempo por las doctrinas que dan cumplimiento a esta profecía. Aún hoy día, cuando leemos sobre estas doctrinas, podemos percibir la lucha que se está librando dentro de esa misma iglesia, debido a que los sacerdotes no están de acuerdo con la doctrina del celibato que su iglesia les impone. Los sacerdotes quieren casarse y tener familias, sin embargo hacen un voto de castidad, de seguir siendo célibes y no tomar esposa. Y también vemos en esa misma iglesia las otras características sobre las cuales profetizó Pablo. Durante siglos no comieron carne los viernes, ¿o no? Aún hoy día, cuando vas a un restaurante en cualquier parte del mundo, ¿qué es lo que vemos en el menú los viernes de semana santa? Comidas donde el pescado es el plato principal, ¿verdad? Y ¿por qué? Porque esa iglesia decidió que comerían carne sólo ciertos días de la semana.

Aquí Pablo está profetizando en forma muy clara en tiempos del Nuevo Testamento, dos de las características que sirven para identificar a esa iglesia que tomaría el lugar de la Iglesia de Jesucristo: que serían célibes y prohibirían a sus miembros comer carne en ciertos días. Pablo no pudo haber sido más específico cuando identificó a la iglesia apóstata que existiría cuando la autoridad del sacerdocio se perdiera.

La Profecía de Juan: Satanás Vencería a los Santos

Les daré otro pasaje de la Biblia que tiene un mensaje vital, porque en él, el apóstol Juan profetizó que vendrían tiempos cuando la Iglesia de Jesucristo sería quitada completamente de la faz de la tierra y Satanás extendería su dominio sobre cada familia, idioma y nación. Ese pasaje está en el Libro de Apocalipsis, capítulo 13. Podríamos hablar mucho acerca de este capítulo, pero revisemos lo que sucede con anterioridad. Si leen la página anterior, podrán percatarse de que Juan el Revelador está profetizando que vendría una gran bestia y un dragón que daría autoridad a la bestia. Los comentaristas de la Biblia dan diferentes explicaciones acerca de esta bestia y al tiempo de su venida, pero todos están de acuerdo en que su origen es malo e inspirado por Satanás porque la bestia abre su boca y blasfema contra Dios, y declara la guerra contra los santos de Dios hasta que los vence.

Después, en ***Apocalipsis capítulo 13, versículos 7 y 8,*** Juan escribe: "Y se le permitió hacer guerra contra los santos y vencerlos. También se le dio autoridad sobre toda tribu, pueblo, lengua y nación. Y la adoraron todos los moradores de la tierra. . . ." Entonces ¿cuán completa iba a ser la apostasía? Iba a extenderse sobre todas las tribus, lenguas y naciones, ¿verdad? A cada hombre que viviese sobre la tierra, se le iba a negar la autoridad y el evangelio de Jesucristo por un tiempo.

La Profecía de Pablo: Una Apostasía antes de que el Señor Venga en su Gloria

¿Por qué se permitiría que esto sucediera? ¿Por qué establecería Dios una iglesia aquí sobre la tierra y luego permitiría que se la llevaran? Yo creo que ésta es una de las preguntas que debemos considerar en las escrituras.

Veamos ahora en ***Lucas, capítulo 11, versículos 49 y 50,*** y encontremos juntos la respuesta a esta pregunta. Aquí el Salvador nos da la sabiduría necesaria. El pasaje dice: "Por eso la sabiduría de Dios también dijo: Les enviaré profetas y apóstoles; y de ellos, a unos matarán y a otros perseguirán",—y luego le dice porque se permitiríales esto—"para que se demande de esta generación la sangre de todos los profetas que se ha derramado desde la fundación del mundo".

El Salvador nos ha dicho que la generación que lo crucificó y lo clavó en la cruz fue la generación más perversa que ha vivido sobre la tierra. Aquí en Lucas, el Señor dijo que permitiría que su iglesia fuese llevada de la faz de la tierra y que hombres perversos la persiguiesen y mataran a sus líderes, y que se dejaría un testimonio contra esa generación.

La Explicación del Salvador: Porqué Matar a los Apóstoles

Encontramos otros pasajes en la Biblia acerca de los esfuerzos que hace Satanás para sustituir a la iglesia verdadera de Jesucristo por su iglesia falsa. Uno de los pasajes más poderosos se encuentra en ***Segunda de Tesalonicenses, capítulo dos, versículos tres y cuatro.*** Pablo descubrió que los primeros conversos en Tesalónica pensaban que la segunda venida de Jesucristo estaba tan cerca que habían dejado de trabajar y de cuidar sus hogares y de darles lo necesario para vivir. Pablo les escribió para decirles que Jesucristo no iba a venir todavía, y que Su venida sería precedida por acontecimientos muy importantes, uno de los cuales sería "la apostasía", cuando el pueblo sería engañado por el representante de Satanás que estaría precisamente en el lugar más alto dentro de la Iglesia.

Refiriéndose a la venida de Jesucristo en su gloria con la frase "ese día", Pablo escribió: "Nadie os engañe en ninguna manera; porque no vendrá sin que antes venga la apostasía, y se manifieste el hombre de pecado, el hijo de perdición, el cual se opone y se levanta contra todo lo que se llama Dios o es objeto de culto; tanto que se sienta en el Templo de Dios como Dios, haciéndose pasar por Dios".

Así que aquí tenemos la doctrina de la Biblia que claramente dice que tenía que haber una "caída", o una apostasía—una substitución de la influencia de Satanás en lugar de la verdadera Iglesia de Cristo, antes de que el Salvador venga nuevamente. Ya hemos leído la profecía de Juan el Revelador de que la apostasía sería completa—que Satanás desataría la guerra contra los Santos y que tendría control sobre cada nación, tribu y lengua.

La Profecía de Pedro: Falsos Profetas Traerán Herejías Destructoras

El apóstol Pedro también advirtió acerca de la apostasía, cuando la verdadera doctrina y autoridad de Jesucristo sería sustituida por la doctrina de los hombres. Leemos acerca de esto en ***Segunda de Pedro, capítulo dos, versículos uno y dos.*** Después de hablar acerca de los falsos profetas en tiempos del Antiguo Testamento, le dijo a la iglesia del Nuevo Testamento: "Pero habrá entre vosotros falsos maestros que introducirán encubiertamente herejías destructoras, y aun negarán al Señor que los rescató, atrayendo sobre sí mismos destrucción repentina. Y muchos seguirán sus disoluciones, . . ."

La Advertencia de Juan: El Espíritu del Anticristo ya se Está Manifestando

El apóstol Juan sabía que la apostasía ya había comenzado en sus días y trató de ayudar a los Santos a discernir entre la verdad y el error. En aquéllos tiempos, era más fácil discernir la verdad ante los complicados asuntos de Satanás sustituyendo la Iglesia verdadera de Jesucristo por una iglesia Cristiana falsa con un sinnúmero de doctrinas falsas y la gente aceptaba o rechazaba a Cristo.

En la actualidad, muchas iglesias reconocen que Jesús es el Cristo, el hijo de Dios, pero esas mismas iglesias enseñan sólo una parte del evangelio de Cristo, y las mezclan con enseñanzas de los hombres. Esas iglesias tampoco tienen la autoridad y el poder para obrar en el nombre de Dios en cuanto a las ordenanzas que preparan al hombre para obtener su salvación.

Pero al menos, las palabras de Juan nos muestran que en sus días la apostasía estaba ya comenzando, y su consejo tiene un gran significado para aquéllos que buscan la verdad hoy día. En ***Primera de Juan, capítulo cuatro, versículos del uno al tres,*** leemos: "Amados, no creáis a todo espíritu, sino probad los espíritus si son de Dios; porque muchos falsos profetas han salido por el mundo. En esto conoced el Espíritu de Dios: Todo espíritu que confiesa que Jesucristo ha venido en carne, es de Dios; y todo espíritu que no confiesa que Jesucristo ha venido en carne, no es de Dios; y este es el espíritu del anticristo, el cual vosotros habéis oído que viene, y que ahora ya está en el mundo".

Una y otra vez las escrituras nos muestran que en los tiempos del Nuevo Testamento ya empezaba la apostasía —que Satanás estaba haciendo que los hombres cambiaran las doctrinas de Cristo, abandonaran la Iglesia Verdadera y la sustituyeran por una falsa, que se pareciera a la Iglesia Verdadera de Jesucristo para engañar a la gente, y de esta forma, evitar que obtuvieran la salvación y la gloria que Cristo deseaba para ellos.

Las Advertencias de Pablo: La Apostasía ya Está Sucediendo

En tiempos del Nuevo Testamento la apostasía ya comenzaba. Vemos la gran preocupación del apóstol Pablo en su Epístola a los santos de Gálatas. En ***Gálatas***

capítulo uno, versículos seis y siete dice: "Estoy maravillado de que tan pronto os hayáis alejado del que os llamó por la gracia de Cristo, para seguir un evangelio diferente. No que haya otro, sino que hay algunos que os perturban y quieren pervertir el evangelio de Cristo". Aquí, Pablo podía ver que la apostasía ya estaba sucediendo, y que Satanás estaba sustituyendo suficiente error a fin de robar a los hombres las llaves de salvación, al dejarles una iglesia falsa que les daría una falsa seguridad.

Veamos en ***Segunda de Corintios, capítulo 11, versículo 13*** cuando Pablo escribió sobre los hombres que estaban involucrados en la apostasía y observó que: "Porque éstos son falsos apóstoles, obreros fraudulentos, que se disfrazan como apóstoles de Cristo".

En su epístola a ***Tito, en el primer capítulo, versículo 10,*** Pablo arremetió contra aquéllos que estaban llevando a los santos hacia la apostasía, llamándolos "habladores de vanidades y engañadores", y en el ***versículo 16,*** resumió el estado y el poder falso que pertenecía a la iglesia falsa de Satanás diciendo: "Profesan conocer a Dios; pero con los hechos lo niegan, siendo abominables y rebeldes, reprobados en cuanto a toda buena obra".

La Apostasía, una Doctrina Básica de la Biblia

Este es el patrón de las escrituras sobre la doctrina de la apostasía. La Biblia nos enseña claramente y sin equivocación alguna, que habría una apostasía del evangelio verdadero de Jesucristo y que la apostasía ya estaba empezando durante el tiempo de la iglesia del Nuevo Testamento, que Satanás desataría guerras entre los santos, que tendrían la apariencia de piedad pero que le faltaría y negaría la autoridad para obrar verdaderamente en el nombre de Dios. La Biblia nos dice que la apostasía sería completa, es decir, que la autoridad para obrar en el nombre de Dios sería quitada completamente de la tierra.

Si ustedes creen en la Biblia, por necesidad tendrán que aceptar la doctrina de la apostasía, porque se habla sobre esta doctrina en muchas de las escrituras, y por lo tanto no se puede ignorar. Si la iglesia a la que ustedes pertenecen realmente cree en la Biblia, debe enseñar y aceptar la doctrina de la apostasía universal y deberá reconocer libremente que la verdadera Iglesia de Jesucristo fue retirada completamente de la tierra poco después del ministerio de Cristo. Y luego, si su iglesia todavía dice tener el poder y la autoridad para enseñar el evangelio verdadero de Jesucristo, y que existe y se desempeña como su representante autorizado hoy día, entonces, la historia de su iglesia podrá demostrar que Dios, de alguna u otra forma, le otorgó nuevamente el poder y la autoridad, y que restauró el evangelio verdadero y el poder para representar a Jesucristo, el cual fue retirado completamente de la tierra durante la gran apostasía.

Ustedes tendrán que examinar este asunto muy cuidadosamente, porque su posición eterna ante la presencia de Dios depende de la respuesta. Su iglesia, o es la iglesia verdadera de Jesucristo, o es descendiente de la gran impostora.

Tal vez les gustaría comparar a la iglesia del Nuevo Testamento, establecida por Jesucristo, con un árbol. Cristo lo plantó y creció rápidamente, pero cuando vino la apostasía, el árbol fue cortado completamente y dañado desde sus raíces que eran las que le daban la vida. El tronco del árbol derribado estaba allí sin ninguna fuente de vida nueva, sólo con los cambios que estaban aconteciendo a medida que los hombres sustituían doctrinas apóstatas en lugar de la doctrina verdadera del evangelio de Jesucristo, y así nació el Catolicismo. El tronco continuó cambiando y degenerándose durante muchos años hasta que Lutero y Calvino, y otros reformistas, trataron de dar nueva vida, estableciendo retoños del árbol que protestaban contra los excesos del tronco. Pero si el tronco no tiene vida, ¿podría haber vida en las ramas? Si al tronco Católico le faltaba autoridad para obrar en el nombre de Dios, ¿las ramas Protestantes podrían sacar autoridad de la madera muerta de donde surgieron? La respuesta es obvia.

Las Doctrinas Protestantes Básicas—Un Esfuerzo para Vencer al Poder Católico

A medida que se llevaba a cabo la reforma, el Catolicismo mantenía el poder y controlaba a la gente por medio de dos enseñanzas que habían sido impulsadas hasta el extremo, pero que la gente aceptaba. Primeramente, el Catolicismo enseñaba que el hombre no podía ser salvo a menos que recibiera los sacramentos de la Iglesia Católica; y segundo, que solamente el Papa poseía la autoridad para leer e interpretar las escrituras.

Los Protestantes trataron de contrarrestar estos dos soportes poderosos a los que se sujetaban, que hacían que el péndulo oscilara al otro extremo. Enseñaban que no eran necesarios ni las ordenanzas religiosas ni los sacramentos, sino que el hombre puede ser salvo sólo con tener fe. Y decidieron que no había necesidad de tener autoridad para obrar en el nombre de Dios—cualquier persona podía organizar una iglesia y Dios la aceptaría. Con sólo leer la Biblia se tenía la suficiente autoridad.

Esas enseñanzas que reemplazaron llegaron a ser muy populares y rompieron el poder que el Catolicismo tenía sobre la gente—pero estas enseñanzas eran igualmente falsas como las enseñanzas Católicas a las que habían reemplazado.

Seis Características de la Iglesia de Jesucristo del Nuevo Testamento

Examinemos por unos momentos la Iglesia que Cristo estableció en tiempos del Nuevo Testamento, y hagamos una lista de algunas de las características por las cuales era identificada. A propósito, algunas personas dicen que Cristo realmente no estableció una iglesia—que la iglesia realmente fue establecida hasta después de su muerte. Pero en ***Mateo, capítulo 18, versículo 17,*** el Señor enseño que si un hombre tenía una disputa con otro, no podría resolverlo en forma privada, sino que tenía que decirlo a la iglesia. Y un poco antes, en el mismo capítulo, en el ***versículo 3*** dijo a sus seguidores: "De cierto os digo, que si no os volvéis y os hacéis como niños, no entraréis en el reino de los cielos". Así que no puede haber duda alguna de que Cristo ya había organizado la iglesia en sus días.

Esa iglesia tenía muchas de las características por las cuales podía ser identificada, y si alguna iglesia en la actualidad dice ser la iglesia verdadera de Jesucristo, podemos asumir entonces, sin temor a equivocarnos, que esa iglesia debe tener esas mismas características hoy día. Pero de la misma forma, debemos reconocer que si una iglesia no tiene esas mismas características, entonces no puede ser la iglesia verdadera de Cristo. ¿Sí?

Saquemos de las escrituras seis de las características por las cuales la iglesia de Cristo puede ser identificada.

El Sacerdocio— La Autoridad para Obrar en el Nombre de Dios

Primeramente, la Iglesia de Jesucristo tiene la autoridad del sacerdocio, o la autoridad para obrar en el nombre de Dios. El Señor llamaba a los hombres al ministerio, y les daba autoridad por medio de una ordenanza llamada "imposición de manos"; esto es cuando un hombre que ya posee el sacerdocio pone sus manos sobre la cabeza de otro hombre y lo ordena, transfiriéndole así el poder del sacerdocio.

Los hombres no decidían solamente que querían servir a Dios y de repente tener la autoridad sólo por el hecho de haber tomado esa decisión, o por leer las escrituras, o por asistir a las escuelas teológicas. En ***Juan 15:16*** Jesús les dijo a sus discípulos: "No me elegisteis vosotros a mí, sino que yo os elegí a vosotros, y os he ordenado. . . ."

La Biblia tiene muchos ejemplos de gente que trató de utilizar la autoridad del sacerdocio cuando no tenían derecho porque no habían sido ordenados. En ***Hechos 19:13-16*** leemos acerca de los siete hijos de Esceva que trataron de invocar el nombre de Jesús sobre aquéllos que tenían espíritus malos sin tener el sacerdocio, y el espíritu malo les respondió de esta manera: "A Jesús conozco, y sé quién es Pablo; pero vosotros, ¿quiénes sois?". Y luego el hombre que tenía el espíritu malo atacó a los siete hermanos quienes huyeron desnudos y heridos.

También veamos en ***Hechos 19, versículos del 1 al 6,*** cuando Pablo vino a Efeso y encontró a gente que había sido bautizada por personas que no tenían la autoridad. Pablo sabía que esto había sucedido porque la persona que les había bautizado no les había enseñado las doctrinas básicas de Cristo, y en este caso, ni siquiera sabían de la existencia del Espíritu Santo. Así que, ¿qué hizo Pablo? Les bautizó nuevamente porque él sabía que era necesario que lo hiciese alguien que tuviera la autoridad del sacerdocio. (Recuerden esto cuando su conciencia y su amor por Jesucristo, les obligue a hacerse la pregunta si han sido bautizados por alguien que tenga la autoridad para hacerlo en el nombre de Jesucristo.)

Así que ésta es la primera característica de la Iglesia de Jesucristo del Nuevo Testamento. Sus líderes y obreros tenían el sacerdocio—la autoridad de Dios para representar a Jesucristo y predicar y efectuar las ordenanzas necesarias en Su nombre.

Una Cadena de Ordenanzas —Se Recibió el Sacerdocio de Manos de Poseedores Autorizados

La segunda característica estaba estrechamente ligada a la primera—tenía que haber una cadena de ordenaciones que llegaban hasta cada poseedor del sacerdocio. Cada una de las personas tenía que recibir el sacerdocio de manos de alguien que previamente lo poseyera, y de la forma como se describe en repetidas ocasiones en las escrituras. El sólo hecho de tener un deseo ferviente de servir a Dios no constituye un llamamiento autorizado al sacerdocio, ni en la actualidad ni en tiempos del Nuevo Testamento. El apóstol Pablo fue muy enfático acerca de cómo debería el hombre recibir el sacerdocio. Al estar hablando sobre este tema en ***Hebreos 5:4,*** dijo: "Y nadie toma para sí esta honra, sino el que es llamado por Dios, como lo fue Aarón".

Esta es la clave—un hombre no sólo decide que quiere tener el sacerdocio—sino que deberá ser llamado de Dios con el mismo procedimiento que se describe en las escrituras, y luego ser ordenado por un poseedor del sacerdocio. Y esa cadena de ordenación al sacerdocio deberá continuar sin romperse hasta llegar a Jesucristo. Pero si a la cadena le falta, aunque sea un eslabón, entonces no existe el poder del sacerdocio más allá del eslabón perdido.

Y según las escrituras, ¿cuál es el procedimiento por medio del cual el hombre era llamado al sacerdocio? Básicamente consistía de tres partes:

La primera: la inspiración llegaba a alguien con autoridad, revelándole que esa persona debería ser llamado al oficio del sacerdocio. *Segunda:* el nombre de la persona era presentado a la congregación para su aprobación. *Tercera:* la persona era ordenada al oficio del sacerdocio por alguien que ya previamente tenía la autoridad del sacerdocio.

Esos tres pasos se siguieron cuando Aarón, el hermano de Moisés, fue llamado al sacerdocio, en ***Éxodo, capítulo 28, versículos 1, 3 y 41.***

El sucesor de Moisés fue llamado de la misma manera, o sea, siguiendo el procedimiento de los tres pasos. Les voy a leer acerca de su llamamiento en ***Números 27, versículos 18 al 23:*** "Y Jehová dijo a Moisés: Toma a Josué hijo de Nun, varón en el cual hay espíritu, y pondrás tu mano sobre él"—ese es el primer paso, la revelación fue dada a la persona con autoridad—"Y lo pondrás delante del sacerdote Eleazar, y delante de toda la congregación. . . . "—aquí vemos el segundo paso—presentación delante de la congregación. Y finalmente en el versículo 23: "Y puso sobre él sus manos, y le dió el cargo, como Jehová había mandado por mano de Moisés". Aquí está el tercer paso. Moisés ordenó a Josué por medio de la imposición de manos, extendiendo la línea de ordenación a otro eslabón.

Podemos ver este mismo procedimiento en repetidas ocasiones en tiempos del Nuevo Testamento, pero hay una instancia especialmente ilustrativa que nos muestra ambas formas (la forma correcta e incorrecta de recibir el sacerdocio) de, cómo reciben los hombres el sacerdocio y cómo no lo reciben. El Señor visitó a Saulo de Tarso, quien había sido un enemigo de la Iglesia, en el camino hacia Damasco, pero eso no constituyó un llamamiento al ministerio, ni le otorgó la autoridad hasta en tanto estuvo en Antioquía, o sea, pasó más de un año. Leemos en ***Hechos 13:1-3*** que sí existían poseedores del sacerdocio en

Antioquía, personas que eran profetas y maestros. Ellos fueron los que recibieron la revelación para conferirle a Saulo la autoridad y enviarlo a una misión, y dice así: "Ministrando éstos al Señor, y ayunando, dijo el Espíritu Santo: Apartadme a Bernabé y a Saulo para la obra a que los he llamado. Entonces, habiendo ayunado y orado, les impusieron las manos y los despidieron". Nuevamente encontramos a estos hombres que ya eran poseedores del sacerdocio, otorgando esta misma autoridad a Pablo y al hacerlo, agregaban otro eslabón a la cadena de ordenaciones.

Fíjense ahora—aun habiendo tenido una visión gloriosa del Salvador, éste no dió a Saulo la autoridad. Ni siquiera el ser sanado o bautizado, o recibir el Espíritu Santo le dio a Saulo la autoridad del sacerdocio, sino que debió ser ordenado por un poseedor del Sacerdocio para que la línea de ordenación fuese válida y continuara y "ningún hombre tomase el honor para sí . . .".

Doce Apóstoles—El Fundamento de la Iglesia

La tercera característica de la Iglesia de Jesucristo en tiempos del Nuevo Testamento que me gustaría mencionar es que está fundamentada en doce apóstoles. Cuando Pablo escribía a los nuevos miembros de la iglesia en Efeso, les enseñó este principio en ***Efesios 2:19-20:*** "Así que ya no sois extranjeros ni advenedizos, sino conciudadanos de los santos, y miembros de la familia de Dios, edificados sobre el fundamento de los apóstoles y profetas, siendo la principal piedra del ángulo Jesucristo mismo".

Por lo tanto, el fundamento o la base de la Iglesia del Nuevo Testamento fueron los apóstoles y profetas, y me gustaría que hicieran una lista, por separado, como características números tres y cuatro de la Iglesia del Nuevo

Testamento, (los doce apóstoles son la característica número tres y los profetas son la característica número cuatro).

Uno de los acontecimientos más importantes del Nuevo Testamento se registró al principio del libro de Hechos. Es importante porque nos enseña que el Señor desea que 12 apóstoles, no 11 ni 13, sean los que dirijan la iglesia. Recordarán que Judas traicionó al Salvador y luego se suicidó, así que sólo quedaron once apóstoles. Para entonces, ya la iglesia tenía varios años de existencia, y sin duda había crecido mucho. Fueron dos hombres los merecedores de ser llamados apóstoles: Bernabé y Matías. Debido a que la Iglesia había crecido mucho, fácilmente pudieron haberlos llamado como apóstoles, pero los once apóstoles sabían que no—dado que los miembros de su quórum deberían de ser doce apóstoles, así que solamente escogieron a uno y en el ***primer capítulo de Hechos, versículos 23 al 26*** nos indica que Matías "fue contado con los once apóstoles". Así que la otra característica de la Iglesia del Nuevo Testamento era que estaba fundada sobre 12 apóstoles.

Los Profetas—Portavoces Autorizados de Dios

Los apóstoles también eran profetas, y los profetas son la cuarta característica de la iglesia verdadera de Cristo. Un profeta es una persona autorizada para recibir revelación de Dios para guiar a la Iglesia. En el libro de ***Amós, capítulo 3, versículo 7,*** el gran profeta decía: "Porque no hará nada Jehová el Señor, sin que revele su secreto a sus siervos los profetas". En ***Oseas, capítulo 12, versículo 10,*** dice el Señor: "Y he hablado a los profetas, y aumenté la profecía, y por medio de los profetas usé parábolas".

¿Por cuánto tiempo será necesario tener profetas en la tierra? El apóstol Pablo nos dio la respuesta en ***Efesios, capítulo 4, versículos 11 al 13,*** al estar escribiendo acerca de que Jesucristo dirigía a la Iglesia del Nuevo Testamento dijo: "Y él mismo constituyó a unos, apóstoles; a otros, profetas; a otros, evangelistas; a otros, pastores y maestros, a fin de perfeccionar a los santos para la obra del ministerio, para la edificación del cuerpo de Cristo . . .". Luego nos dijo hasta cuándo sería necesario que hubiese apóstoles y profetas aquí sobre la tierra: "Hasta que todos lleguemos a la unidad de la fe y del conocimiento del Hijo de Dios, a un varón perfecto, a la medida de la estatura de la plenitud de Cristo". ¿Ya ha alcanzado la humanidad la estatura de la plenitud de Cristo? ¡Por supuesto que no! Los profetas autorizados de Cristo son todavía necesarios para que sean portavoces de Dios en la tierra, así como lo fueron en tiempos del Nuevo Testamento.

La Revelación— La Palabra de Dios Relevada al Hombre

Una quinta característica de la Iglesia de Cristo del Nuevo Testamento era que sus profetas recibían revelación de Dios. Un profeta no es un portavoz de Dios a menos que Dios hable por medio de él, y cuando Dios habla con un profeta, a eso se le llama revelación. Cuando un profeta dice una profecía, a eso se le llama revelación.

La revelación es vital—es la comunicación que Dios tiene con el hombre y es esencial en la Iglesia de Dios. Como dice en ***Proverbios 29:18,*** "Sin profecía el pueblo de desenfrena", y es por eso que Pablo escribió a los Santos de Tesalónica en ***Primera de Tesalonicenses 5:19 y 20:*** "No apaguéis al Espíritu. No menospreciéis las profecías".

La revelación dada a un profeta es el proceso por medio del cual Dios enseña sus verdades eternas a Su pueblo, y Pablo sabía eso. En ***Gálatas 1:11 y 12*** escribió: "Mas os hago saber, hermanos, que el evangelio anunciado por mí, no es según hombre; pues yo ni lo recibí ni lo aprendí de hombre alguno, sino por revelación de Jesucristo".

Cuando se escribe revelación nueva y es formalmente aceptada por la Iglesia, se convierte en Escritura. Las revelaciones de la Iglesia primitiva eran escritas y llegaban a ser nuevas escrituras—partes del Nuevo Testamento. En todas las épocas, la existencia y aceptación de nuevas escrituras es una manera de saber si una iglesia realmente recibe revelación y tiene profetas.

Ahora resumamos por un minuto. Hemos aprendido que hay características que identificaban a la Iglesia verdadera de Jesucristo en los tiempos del Nuevo Testamento y les mostré cinco de ellas, y es importante que las recuerden. Por favor, ¿las pueden memorizar en el orden que las leamos? Traten de grabarlas en su mente, porque necesitarán recordarlas después. ¿Cuáles son?

Primera: la autoridad del sacerdocio por imposición de manos, por aquéllos que tienen la autoridad del sacerdocio.

Segunda: una cadena de ordenaciones, hasta llegar a Jesucristo, para que se pueda demostrar que la persona que ordena a otra, tiene la autoridad válida.

Tercera: 12 apóstoles, porque ellos fueron el fundamento de la Iglesia del Nuevo Testamento.

Cuarta: profetas; los portavoces de Dios que transmitían la palabra de Dios a la iglesia, y

Quinta: revelación; los mensajes de Dios para dirigir a su iglesia.

El Reconocimiento de que Acontecería una Apostasía Universal

Estas características eran tan importantes que se las voy a repetir nuevamente: El poder del sacerdocio, una cadena de ordenanzas, 12 apóstoles, profetas y la revelación. Y debido a que ya hemos aprendido que la Iglesia del Nuevo Testamento ya sabía que habría una apostasía, yo agregaré otra característica a nuestra lista: la Iglesia de Cristo admitió que habría una apostasía universal—y esta es la característica número seis.

¿Son el Catolicismo y el Protestantismo la Iglesia Verdadera de Cristo?

Hay docenas de características de la iglesia verdadera que podemos identificar en las escrituras, pero nos tomaría mucho tiempo, así que voy a resumir mucho de la historia Cristiana antigua en unos cuantos párrafos para contarles qué sucedió con estas características esenciales.

Después de la muerte de Jesucristo, la persecución contra la iglesia aumentó en forma considerable. Durante las siguientes décadas, los enemigos de la iglesia mataron a los apóstoles así como a otros líderes de la misma, imponiéndoles castigos terribles como la muerte. Conforme morían los apóstoles, la cadena de ordenaciones se iba rompiendo y la continuidad del liderazgo de la Iglesia se interrumpió, y ya no hubo doce apóstoles—y esos apóstoles también eran profetas—así que la revelación que Dios daba a la iglesia por medio de sus profetas autorizados también cesó. Sin la cadena de ordenaciones, y sin la guía de los apóstoles y profetas, se comenzaron a introducir furtivamente falsas creencias y prácticas inadecuadas. El sacerdocio se perdió, y la iglesia había completado su transformación.

Ya no era la Iglesia de Dios—se había convertido en la iglesia de los hombres, cumpliéndose de esta manera las profecías del Nuevo Testamento que ya hemos leído. Como lo escribió Pablo, ahora era una iglesia "que tenía la forma de Santidad, pero negando la eficacia de su poder".

No tenía profetas, y por lo tanto, no recibía revelación alguna, así que esas características se perdieron y dejaron de ser importantes. Ya no había doce apóstoles, por lo tanto adaptaron nuevas formas de gobernar la iglesia evolucionando así hasta el ilegal papado y el colegio cardenalicio. La cadena de ordenaciones se había roto, y el sacerdocio se perdió. Claro, todavía se ordenaba a las personas para ocupar diferentes responsabilidades en la iglesia, pero la autoridad y el poder del sacerdocio, así como los procedimientos correctos del sacerdocio y organizaciones, ya no existían desde hacía mucho tiempo.

Se introdujeron otros cambios en la iglesia: un concepto diferente y cambiado sobre la naturaleza de Dios, la adoración de santos y de la virgen María, el bautismo por aspersión, imágenes religiosas, el celibato, el rosario, la doctrina de transubstanciación, la doctrina de la inmaculada concepción, el dogma de la infalibilidad pontífica, la doctrina del purgatorio, la venta de indulgencias, la inquisición Española, papas corruptos excomulgándose unos a otros, y mucho más.

El árbol que le daba la vida había sido cortado desde sus raíces y el tronco estaba muerto. Ni el tronco ni las ramas que salían de ese tronco eran la iglesia verdadera de Jesucristo, sino organizaciones de los hombres, "que tenían forma de Santidad" pero no tenían el poder ni la autorización para obrar en el nombre de Dios.

Una Prueba Moderna: ¿Tienen las Iglesias en la Actualidad esas Seis Características?

¿Cómo pueden ustedes saber y estar seguros de que estas cosas realmente acontecieron? La forma más sencilla es guiarnos por las características de la iglesia de Jesucristo del Nuevo Testamento. Pregúntense a sí mismos: ¿La Iglesia Católica cree en la revelación, y en que hay nuevas escrituras en la actualidad? ¡No!, Ni siquiera cree que existe la revelación actual, así que ¿podría tener profetas en la actualidad? No. ¿Es dirigida por 12 apóstoles? No. ¿Acepta las enseñanzas de la Biblia acerca de que hubo una apostasía universal que cortó la cadena de ordenaciones, dejando a los hombres sin autoridad para obrar en el nombre de Dios como su representante legítimamente nombrado? No. Sin apóstoles, profetas ni revelación y con la cadena de ordenaciones rota, ¿puede un sacerdote Católico en la actualidad, o el Papa, tener la autoridad verdadera del sacerdocio? No. ¿Y sin la autoridad verdadera del sacerdocio los sacramentos recibidos por sus miembros podrán ser válidos y aceptados por Dios? Desafortunadamente la respuesta es no. Y sin ninguna de las seis características esenciales, ¿puede la Iglesia Católica ser la iglesia verdadera de Jesucristo en la tierra hoy día? No.

Y qué me dicen de los Protestantes. ¿Creen ellos en que hay revelación nueva, y nuevas escrituras? No. ¿Conocen siquiera a alguna iglesia que diga que tiene un profeta? No. ¿Tienen 12 apóstoles? No. ¿Tienen ellos una cadena de ordenaciones que no haya sido rota? (¿Cómo podrían tenerla si salieron del Catolicismo? Si el tronco está muerto, ¿las ramas tienen vida? No.) Entonces, ¿tienen ellos el poder del sacerdocio, con la autorización válida para obrar en el nombre de Dios? No. ¿Cómo podrían tenerla, de dónde podrían haberla obtenido? Rechazan a los

Católicos, así que no pueden obtenerla de ellos. También rechazan la revelación, así que tampoco pueden obtenerla directamente de Dios, y no hay otra fuente de donde obtenerla, así que ellos de ninguna manera pueden tener la autoridad del sacerdocio para obrar en el nombre de Dios. Sin las seis características esenciales, ¿pueden las iglesias protestantes ser la iglesia verdadera de Dios aquí en la tierra hoy día? No.

Ustedes deben hacerse estas preguntas sobre su propia iglesia. ¿Cree su iglesia en la revelación? ¿Tiene un profeta? ¿Doce apóstoles? ¿Una cadena válida de ordenamientos al sacerdocio que se remonten hasta Jesucristo? ¿Tienen la autoridad del sacerdocio? ¿Acepta las doctrinas de la Biblia sobre la apostasía universal y lo que esto implica? Y si no tiene las seis características esenciales de la Iglesia de Jesucristo del Nuevo Testamento, ¿puede entonces ser ésta la iglesia verdadera de Jesucristo? Y la siguiente pregunta es la más importante ¿pueden venir a Cristo y obtener las bendiciones eternas que buscan a través de su iglesia si no es la iglesia verdadera de Cristo?

Cuídense de las Falsedades de Satanás

Hablemos por un minuto acerca de lo que Satanás quiere hacer. Yo creo que lo que él quiere que tú hagas es que te dejes llevar por la complacencia. Él quiere que tú aceptes una cosa falsa y que creas que es verdadera. Quiere que pienses que has llegado al lugar sin siquiera haber tomado el avión correcto. Quiere que aceptes sus falsedades y nunca preguntes, ni evalúes, ni desafíes su validez, hasta que se haya cumplido tu tiempo de probación aquí sobre la tierra y te atrape en sus manos.

Quisiera compartir con ustedes cuatro pasajes de las escrituras donde encontramos lo que Dios ha dicho referente a aquéllos que aceptan las falsedades de Satanás en vez de obedecer sus mandamientos y consejos dados por medio de la iglesia verdadera de Dios. Escríbanlas por favor y luego, al llegar a sus casas, vuélvanlas a leer y piensen con detenimiento, porque su futuro eterno depende de cómo respondan a estas preguntas.

La primera se encuentra en ***Mateo, capítulo siete, versículos 21 al 23:*** "No todo el que me dice: Señor, Señor, entrará en el reino de los cielos, sino el que hace la voluntad de mi Padre que está en los cielos. Muchos me dirán en aquel día: Señor, Señor, ¿no profetizamos en tu nombre, y en tu nombre echamos fuera demonios, y en tu nombre hicimos muchos milagros? Y entonces les declararé: Nunca os conocí; apartaos de mí, hacedores de maldad". ¿Pueden ustedes darse cuenta del peligro al pensar que las cosas falsas serán aceptadas como verdaderas? Dios no aceptará lo falso.

Por favor tomen nota del segundo pasaje, que se encuentra en ***Mateo 15:7-9.*** Es una profecía de Isaías citada por el Salvador. Era apropiada en los tiempos de Isaías, y se aplicó en los tiempos de Cristo, y antes de que termine mi plática veremos que también tiene un significado especial para nosotros en la actualidad. Jesús dijo lo siguiente a la gente que vivía en la falsedad en lugar de vivir el evangelio verdadero: "Hipócritas, bien profetizó de vosotros Isaías, cuando dijo: Este pueblo de labios me honra; mas su corazón está lejos de mí. Pues en vano me honran, enseñando como doctrinas, mandamientos de hombres". ¿Es válido aceptar lo falso y vivir conforme a las enseñanzas de los hombres? Jesús dijo: "En vano me honran". Este es un pensamiento aterrador.

El tercer pasaje se encuentra en ***Romanos 10:2-3:*** "Porque yo les doy testimonio de que tienen celo de Dios, pero no conforme a ciencia. Porque ignorando la justicia de Dios, y procurando establecer la suya propia, no se han sujetado a la justicia de Dios". Y este es la esencia del asunto. No importa cuan celoso se sea de Dios, si desean tener las recompensas eternas de Él, tienen que someterse a la justicia de Dios, y eso sólo se puede lograr por medio de la iglesia verdadera de Dios, dirigida por un hombre poseedor del sacerdocio y con la debida autorización. No caminas por la calle y entras en cualquier puerta—la que mejor te guste—tienes que entrar por la puerta estrecha que te lleve a tu senda, a tu destino real.

Y esto nos lleva a la cuarta escritura: ***Mateo 7:13-14,*** donde Jesús habla acerca de la puerta estrecha que lleva a su reino: "Entrad por la puerta estrecha; porque ancha es la puerta, y espacioso el camino que lleva a la perdición, y muchos son los que entran por ella; porque estrecha es la puerta, y angosto el camino que lleva a la vida, y pocos son los que la hallan".

Estas son las advertencias que Dios nos ha dado si aceptamos las falsedades de Satanás en lugar de buscar y entrar en el redil de la verdadera Iglesia de Jesucristo.

Ahora resumamos. Primeramente, hemos hablado de la doctrina de la Biblia que nos dice que habría una apostasía universal después de la era de la Iglesia del Nuevo Testamento, y hemos visto que se han cumplido estas profecías. Luego hemos identificado seis características de la Iglesia verdadera de Jesucristo; también vimos como se perdieron, y nos percatamos de que ninguna de esas características se encuentra en el Catolicismo o en las iglesias Protestantes de la Cristiandad moderna. Y tercero, hemos examinado las amonestaciones de Dios concernientes al peligro de creer que aún desempeñando con celo una actividad en alguna iglesia no autorizada por Jesucristo, nos traerá las recompensas eternas que deseamos. Nuestra tarea es examinar todas las profecías que se encuentran en la Biblia que nos dicen que Dios se proponía restaurar Su Iglesia aquí en la tierra en los últimos días y basar mi afirmación audaz de que en la actualidad, la Iglesia verdadera de Jesucristo puede ser sólo una que haya sido restaurada por revelación divina.

Acontecimientos sobre la Restauración de la Iglesia de Jesucristo

Antes de abrir nuestras Biblias para examinar estas profecías, brevemente les diré los acontecimientos de esa restauración que trajo a la iglesia del Señor nuevamente aquí a la tierra.

Un día en la primavera de 1830, un joven escogido por Dios fue a un bosque cerca de su casa buscando una respuesta a una pregunta que le preocupaba mucho: "¿A cuál iglesia deberé unirme?" Este joven de apenas 15 años, cuyo nombre era José Smith, había escuchado a un predicador explicar, en una reunión cerca de su casa, un pasaje de la Biblia en donde se hacía una promesa muy importante. José decidió que aplicaría esa promesa que encontramos en la epístola de ***Santiago, capítulo uno, versículo cinco,*** que dice: "Si alguno de vosotros tiene falta de sabiduría, pídala a Dios, el cual da a todos abundantemente y sin reproche"; luego la escritura hace la promesa: "y le será dada".

El joven José Smith fue al bosque cerca de su casa en Nueva York, se arrodilló y oró a Dios. En respuesta a su oración, lo visitaron dos personajes celestiales; uno señalando al otro le dijo: "José, este es Mi Hijo Amado, Escúchalo".

Allí, José habló con Dios el Padre y con Su Hijo Jesucristo e hizo la siguiente pregunta: "¿A qué iglesia debo unirme?" Para sorpresa suya, le fue dicho no se uniera a ninguna de las iglesias que había entonces, y supo de la preocupación de Dios porque los hombres lo alababan con su boca pero que sus corazones lejos estaban de Él, que enseñaban como mandamientos la doctrina de hombres, en lugar de la doctrina de Dios. En otras palabras, Dios le dijo a José que había existido una apostasía, o sea, que el poder y la autoridad para obrar en el nombre de Dios se habían perdido, y que las doctrinas verdaderas de la Iglesia de Jesucristo no se encontraban en la tierra.

Tres años y medio pasaron, y José esperó pacientemente para recibir más instrucciones, hasta que finalmente, la noche del 21 de septiembre de 1823, estando en su recámara, oró con mucho fervor a su Padre Celestial; en respuesta a esa oración se le apareció un personaje angelical; le dijo que su nombre era Moroni, que había vivido en el continente Americano 1400 años antes, y que había enterrado unas planchas metálicas en un cerro cercano. Moroni también le dijo que esas planchas eran los registros de las relaciones de Dios con la gente que había vivido en las Américas.

Se le fue mostrado en una visión el lugar donde estaban enterradas las planchas. Esa misma noche, al estar hablando con José, Moroni le dijo que la plenitud del evangelio eterno se encontraba en esas planchas, y también le advirtió de los grandes juicios que vendrían a la tierra en los últimos días.

Moroni se apareció a José tres veces esa misma noche, y nuevamente al siguiente día, repitiendo y agregando cosas nuevas a su mensaje. José le dijo a su padre lo que había sucedido, y éste lo envió al cerro que había visto durante la visión, y allí José encontró las planchas. Al querer sacar las planchas, nuevamente se le apareció el ángel y le dijo todavía no era tiempo de sacarlas, sino que tendría que regresar al cerro cada año en el mismo día para que se le enseñara y capacitara. El Ángel Moroni vino durante cuatro años para enseñar y preparar a José, para entregarle las planchas y para restaurar a la tierra esos registros inspirados. El libro lleva el nombre del padre de Moroni, el hombre que guardó y compendió esos registros y es conocido en todo el mundo en la actualidad como El Libro de Mormón.

José recibió las planchas y comenzó la traducción en el verano de 1827, pero no terminó de traducirlas sino hasta 1829.

Mientras José y su escribiente y amigo Oliverio Cowdery, trabajaban diligentemente en la traducción, encontraron un pasaje que se refería a la doctrina del bautismo. Ellos sabían que no habían sido bautizados, así que José y Oliverio decidieron, el 15 de mayo de 1829, buscar por medio de la oración, una respuesta al mandamiento que se les había dado en las escrituras, de que tendrían que ser bautizados.

Cuando por medio de la oración buscaban la respuesta, nuevamente fueron visitados por un ser celestial quien se identificó como Juan el Bautista, ese gran profeta que bautizó a nuestro Señor y Salvador. Juan puso sus manos sobre sus cabezas y les confirió el sacerdocio de Aarón, o sea el sacerdocio menor, como es conocido en la actualidad y que tiene el poder para bautizar. Ya que los dos poseían el sacerdocio, les dio el mandamiento de que debían bautizarse uno al otro, y así lo hicieron. Así que José y Oliverio fueron bautizados por medio del poder del sacerdocio que Juan les había conferido.

Un mes después, en junio de 1829, Pedro, Santiago y Juan, los tres líderes de los Doce Apóstoles en la Iglesia del Señor en el meridiano de los tiempos, aparecieron a José y Oliverio y les restauraron el sacerdocio mayor, el "Santo Sacerdocio de la orden del Hijo de Dios", llamado el Sacerdocio de Melquisedec. Estos tres grandes líderes de la Iglesia de Cristo en tiempos antiguos, les confirieron el mismo gran poder que ellos tenían—el poder del apostolado—y les dieron las llaves del reino: dándoles la autoridad para obrar en ordenanzas mayores del evangelio, la autoridad para efectuar sellamientos y unir a las personas por tiempo y eternidad—el mismo poder de sellamiento que ellos poseían en el meridiano de los tiempos.

El evangelio continuó. Por la autoridad del apostolado otorgado a ellos, y obedeciendo un mandamiento directo de Dios, José Smith y Oliverio Cowdery realmente restauraron la Iglesia de Cristo nuevamente sobre la tierra—la misma iglesia primitiva que había sido dirigida por Pedro, Santiago y Juan y los otros apóstoles después de la muerte de Cristo. La iglesia restaurada fue oficialmente reorganizada el 6 de abril de 1830.

Pero el proceso de restauración continuó hasta el año de 1836, cuando el Salvador apareció el 3 de abril en Kirtland, Ohio, y aceptó el templo que había sido construido en su nombre; luego Moisés apareció y restauró las llaves para el recogimiento de la Casa de Israel. Después apareció Elías, y restauró otras llaves del sacerdocio, cuya intención era volver el corazón de los hijos a los padres y el corazón de los padres a los hijos.

Nosotros sabemos que en esas apariciones tenemos la base para la restauración del evangelio de Jesucristo. Sabemos que todavía faltan cosas por hacer en este proceso de restauración y que están por venir y estamos en espera de ellas, así como de las revelaciones futuras que éstas conllevarán.

2

Profecías Bíblicas sobre los Acontecimientos de la Restauración

El Sueño de Nabucodonosor: Se Establecería el Reino de Dios y Cubriría la Tierra

Con este breve recuento histórico como antecedente, veamos ahora algunas de las profecías Bíblicas sobre la restauración de la iglesia verdadera de Dios. Abramos nuestras Biblias en el Antiguo Testamento, en el libro de Daniel, y revisemos una de las profecías más significativas dada a hombre alguno. Es interesante que esta revelación haya sido dada a una persona que ni siquiera pertenecía a la iglesia de Dios, sino que era un rey pagano, Nabucodonosor, quien durante su sueño vio la imagen de un hombre. Hay que entender que esa imagen era como un calendario que representaba eventos que sucederían en el futuro. La estatua tenía una cabeza de oro, el pecho y los brazos de plata, y su vientre y muslos eran de bronce. Sus manos eran de hierro fuerte, y sus pies eran parte de hierro y parte de barro cocido. Nabucodonosor vio que de una montaña caía una piedra rodando que golpearía los pies de la imagen, que la imagen se caía y se rompía. Y luego Nabucodonosor vió como la piedra crecía hasta que llenó toda la tierra, y vio que permanecía para siempre.

Nabucodonosor quería saber lo que la visión significaba. Hizo venir a todos sus adivinos, magos y astrólogos, y les preguntó lo que el sueño quería decir. Pero el problema era que había olvidado completamente lo que había visto en su sueño, y ni siquiera pudo darles un indicio. Debido a que los magos y adivinos no pudieron interpretar su sueño, los amenazó de muerte. Luego, el Señor habló a uno de esos magos, su joven profeta Daniel, y le dijo lo que el sueño significaba, le instruyó que fuera con Nabucodonosor y se lo interpretara.

Daniel dijo al rey que lo que había visto era una visión del futuro acerca de los grandes reinos del mundo que vendrían, y dijo: "Tu, oh rey, eres rey de reyes;" y explicó que él y Babilonia representaban esa cabeza de oro. Dijo que otro reino seguiría a Babilonia, y la historia nos dice que fueron los Medas y los Persas que vinieron cientos de años después. Un tercer reino seguiría y éste fue el reino de Grecia, que en el sueño era representado como el vientre de bronce. Luego habría de venir un reino muy fuerte: Roma, el hierro de las piernas. Fue en la era Romana cuando el Salvador vino a la tierra, ¿o no? Vino y estableció su iglesia en los días de los Romanos.

Pero Nabucodonosor había visto otra parte de la imagen: los pies, que eran parte de hierro y parte de barro cocido, que ahora sabemos representaba la mezcla de las naciones, unas fuertes y otras débiles, que eran descendientes del imperio Romano.

Ahora, el mensaje importante de la visión es que sería en esos días que la piedra golpearía a la imagen, y se expandiría y cubriría toda la tierra. Lean conmigo en ***Daniel 2:44*** cómo el profeta resumió el mensaje de esta visión tan importante del rey Nabucodonosor, y dijo así: "Y en los días de estos reyes", aquí quería decir los reinos representados por los dedos de la imagen parte de hierro y parte de barro cocido, o sea, los reinos mezclados que descendían del imperio Romano—"en los días de estos reyes el Dios del cielo levantará un reino que no será jamás destruido".

Ahora veamos, ¿qué estaba diciendo? No era en los días de Cristo, no se refería al dominio del Imperio Romano, sino a los días de esos reinos, después de los días del imperio Romano, Dios establecería su reino que jamás sería destruido. Luego dijo Daniel: "Ni será el reino dejado a otro pueblo; desmenuzará y consumirá a todos estos reinos, pero él permanecerá para siempre, de la manera que viste que del monte fue cortada una piedra, no con mano, la cual desmenuzó el hierro, el bronce, el barro, la plata y el oro. El gran Dios ha mostrado al rey lo que ha de acontecer en lo por venir; y el sueño es verdadero, y fiel su interpretación".

Aquí encontramos una gran revelación que nos dice el tiempo cuando el reino de Dios sería establecido por última vez, y que llenaría toda la tierra, y no fue durante el ministerio de Cristo en el meridiano de los tiempos, sino más tarde—después de que Roma ya no existiera, y cuando Europa fuera constituida por un conglomerado de reinos tanto fuertes como débiles.

El Período de la Restauración: La Restitución de Todas las Cosas

Abramos nuestras Biblias en el Nuevo Testamento en Hechos, capítulo tres, y leamos uno de esos otros pasajes que nos dicen que la Iglesia de Jesucristo sería establecida en los últimos días, y eso se encuentra en ***Hechos 3:19-21.*** ¿Recuerdan lo que está sucediendo aquí? Pedro y Juan se encuentran predicando, y Pedro dice lo siguiente: "Así que, arrepentíos y convertíos, para que sean borrados vuestros pecados; para que vengan de la presencia del Señor tiempos de refrigerio"—y este es el período al que nos referimos—el tiempo de refrigerio de los últimos días; "y el envíe a Jesucristo, que os fue antes anunciado". Bueno, para entonces, Cristo ya había venido y se había ido, ¿verdad? Por lo tanto, Pedro no se refería a ese día; él se refería a un tiempo en los últimos días cuando Cristo vendría nuevamente a la tierra, y dijo: "y él envíe a Jesucristo que os fue antes anunciado: a quien de cierto es necesario que el cielo reciba hasta los tiempos de la restauración de todas las cosas". Así que sabemos por medio del libro de Hechos, que habría una restitución o restauración de todas las cosas en los últimos días.

Todas las Cosas se Reunirían en la Dispensación del Cumplimiento de los Tiempos

En el supuesto de que todas las cosas iban a tener que ser restauradas en preparación para la venida de Cristo, ¿podría haber permanecido en la tierra su iglesia verdadera? ¿Habría la necesidad de restaurar todas las cosas si hubiese habido una iglesia autorizada y funcionando? No, y la necesidad de una restauración completa hace que la realidad de la apostasía universal sea más aparente. Veamos en la Biblia en el libro de ***Efesios 1:9-10*** por favor, y leamos otro de esos pasajes que hablan de los últimos días y de la restauración. Pablo escribe acerca de lo que Dios ha hecho y dice: "dándonos a conocer el misterio de su voluntad, según su beneplácito, el cual se había propuesto en sí mismo, de reunir todas las cosas en Cristo, en la dispensación del cumplimiento de los tiempos, así las que están en los cielos, como las que están en la tierra". Y esto es lo que está aconteciendo en estos últimos días, ¿verdad? Dios está restaurando las cosas que fueron quitadas de la tierra, y las está reuniendo nuevamente aquí en la tierra para preparar la venida de Jesucristo. Es la era o dispensación del cumplimiento de los tiempos.

La Alusión de Pablo: La Aparición del Padre y del Hijo

Estos tres pasajes son referencias generales acerca de la restauración en los últimos días. Ahora veamos un pasaje que se refiere a eventos específicos sobre el proceso de restauración; algunos de ellos son muy específicos, otros son más generales, pero cada versículo tiene su propio lugar.

Por favor, busquemos en nuestras Biblias en el libro de ***Tito, capítulo dos, versículo 13.*** Se encuentra casi al final del Nuevo Testamento, después de Timoteo. Este versículo es sólo una alusión al suceso de la restauración. Sin embargo, cómo se podría explicar excepto que es una referencia de la primera visión que tuvo el Profeta José Smith. Pablo le dijo a Timoteo que los santos estarían esperando un acontecimiento muy significativo en el futuro. Dijo que los Santos estarían "aguardando la esperanza bienaventurada y la manifestación gloriosa de nuestro gran Dios y Salvador Jesucristo". ¿Quién es el Gran Dios? Es Dios el Padre, ¿O, no? Pablo hablaba acerca de un tiempo cuando el Padre y el Hijo aparecerían juntos. ¿Y en qué otro lugar aparecieron? Sólo cuando José Smith fue visitado por el Padre y el Hijo.

1800 años antes, Pablo supo que se aparecerían el gran Dios y su Hijo Jesucristo. Él sabía que esto sucedería. Si alguien dice que Pablo no estaba hablando acerca de la primera visión de José Smith, durante la cual vio al Padre y al Hijo, entonces esta persona deberá poder decirles a qué otra futura aparición del Padre y del Hijo se refería Pablo, y no podrá hacerlo.

La Profecía de Juan: Un Ángel que Traía el Evangelio Eterno

El segundo suceso en el proceso de la restauración fue la aparición del ángel Moroni a José Smith el 21 de septiembre de 1823. ¿Y que hizo Moroni? Le dijo a José que la plenitud del evangelio eterno se encontraba en aquellas planchas metálicas del Libro de Mormón, y le advirtió acerca de los juicios que vendrían en los últimos días. Juan el Revelador predijo la venida, en los postreros días, de un ángel que traería aquellos dos mensajes idénticos.

¿Recuerdan que en Apocalipsis capitulo 13 leímos acerca de que vendría la apostasía? Unos cuantos versículos mas adelante en ***Apocalipsis 14:6-7,*** encontramos la profecía de Juan, acerca del ángel que habría de venir, proclamando aquéllos mensajes idénticos. Juan escribió: "Vi volar por en medio del cielo a otro ángel, que tenia el evangelio eterno para predicarlo a los moradores de la tierra, a toda nación, tribu, lengua y pueblo, diciendo a gran voz: Temed a Dios, y dadle gloria, porque la hora de su juicio ha llegado; y adorad a aquél que hizo el cielo y la tierra, el mar y las fuentes de las aguas."

Esa es la profecía. El ángel que vendría a la tierra traería el evangelio eterno. Ahora, ¿qué fue lo que Moroni dijo que había en las planchas del Libro del Mormón? La plenitud del evangelio eterno. ¿Y cual sería el mensaje del ángel que vio Juan? Temed a Dios porque los juicios de los últimos días están por venir. Juan pudo ver a través del tiempo que vendría un ángel que traería los dos mensajes: la plenitud del evangelio eterno y el mensaje de que debemos temerle a Dios, porque la hora de su juicio ha llegado, y eso fue exactamente lo que hizo Moroni.

Ahora, ¿habría Juan profetizado que un ángel traería la plenitud del evangelio eterno si alguna de las iglesias de entonces lo hubiese tenido? Claro que no. Y si alguna persona les dice que en Moroni no se cumplió la profecía de Juan, entonces debe de estar preparado para decirles cuándo y a quien apareció el ángel; pero no les podrá responder. Y si esa misma persona les dice que el ángel no ha venido aún, deben recordarle que el ángel traería la plenitud del evangelio eterno, y pregúntenle qué implicación tiene en cuanto al estado que guarda su iglesia. ¿Puede ser la iglesia verdadera sin el evangelio eterno?

La Profecía de Isaías: La Apostasía, luego la Visión de Todo en un Libro Sellado

Ahora, por favor volvamos hacia uno de los pasajes más impresionantes de toda la escritura, y se encuentra en el libro de ***Isaías, capítulo 29.*** Seguramente Isaías tenía una profunda visión de las cosas que iban a acontecer en estos últimos días.

Este pasaje tiene tantas correlaciones con los acontecimientos de los últimos días, que nos tomaría una hora abarcarlo todo, por lo tanto les leeré sólo una serie de versículos, ***empezando con el versículo 9.*** Primeramente y en especial, se refiere a la apostasía, y luego habla acerca de la aparición de un libro sellado.

Probablemente debería reexaminar un poco la historia del Libro del Mormón, cuando éste fue restaurado. ¿Recuerdan que José recibió las planchas, pero que dos terceras partes estaban selladas, y que no se le permitió abrirlas? Pero sí se le permitió traducir el resto. Copió algunos de los caracteres y los envió con un hombre llamado Martín Harris a quien le dijo: "quiero que vayas y muestres estos caracteres a varios lingüistas distinguidos para que te otorguen un certificado de que son verdaderos caracteres antiguos."

Martín Harris fue a Nueva York, y habló con un hombre llamado Charles Anthon. Esto fue un acontecimiento feliz para Charles Anthon ya que él era una persona ostentosa y quería hacer cosas que transcendieran. Vio la oportunidad de ser parte de lo que pensaba era un gran hallazgo arqueológico, así que emitió un certificado diciendo que aquéllos jeroglíficos eran verdaderos y válidos, y se lo entregó a Martín Harris. El Sr. Anthon quería prolongar la conversación así que al estar Martín despidiéndose, le preguntó: "¿Cómo supo José Smith de estos caracteres y de las planchas de oro de las que me estabas hablando? Martín Harris le dijo que un ángel de Dios se le había aparecido y le había dicho dónde se encontraban. El profesor Anthon pensó, "Oh, me estoy metiendo en un lío", así que le dijo: "Préstame el certificado." Lo tomó, lo rompió y le dijo, "Tráeme las planchas, yo las voy a traducir", lo que era una falacia ya que entonces en América no se contaba con los elementos para traducir aquéllos jeroglíficos egipcios; sin embargo él quería tener una oportunidad de hacerlo. Entonces Martín Harris le dijo, "No las puedo traer porque parte de las planchas están selladas." Luego el Profesor Anthon dijo estas palabras tan significativas que cumplen con la profecía de la Biblia, "No puedo leer un libro sellado". (Ver ***José Smith—Historia 1:63-65***).

Bueno, veamos cómo Isaías predijo aquel pequeño incidente, y luego leeremos un par de versículos más adelante, y veremos que Isaías profetizó la primera visión del profeta José, y cuando Isaías cita aquellas mismas palabras que el Salvador dijo a José Smith en la primavera de 1820. Vamos a leerlos, empezando con la apostasía en ***Isaías 29, versículo 9.*** "Deteneos y maravillaos; ofuscaos y cegaos; embriagaos, y no de vino; tambalead, y no de sidra. Porque Jehová derramó sobre vosotros espíritu de sueño, y cerró los ojos de vuestros profetas, y puso velo sobre las cabezas de vuestros videntes."

Isaías vio que debido a la apostasía, vendrían tiempos cuando la gente no recibiría más revelación—no habría más revelación de Dios hacia la tierra. Continúa diciendo: "Y os será toda visión . . .", en otras palabras, la forma en que el mundo en estos últimos días debería comprender las escrituras: "Y os será toda visión como palabras de libro sellado, el cual si dieren al que sabe leer, y le dijeren: Lee ahora esto; él dirá: "no puedo, porque está sellado". Bueno, les he contado la historia de cómo Martín Harris le entregó los caracteres del libro a Charles Anthon, y que fue Anthon quien dijo, "no puedo leer un libro sellado". Y nosotros creemos que fue el mismo José Smith quien dijo, "Señor, no soy docto, no puedo traducir esto". Y aún así, el Señor le dio poder. Por medio del poder y del Espíritu de revelación, José tradujo aquel libro sellado. ¿Y que fue lo que dijo el Señor? Toda visión se encuentra en aquel libro que estaba sellado. En otras palabras, tiene un mensaje de importancia para toda la humanidad, y aparecería en un tiempo cuando no habría revelación.

Sigamos leyendo. "Dice, pues, el Señor: porque este pueblo se me acerca con su boca, y con sus labios me honra, pero su corazón está lejos de mí, y su temor de mi no es más que un mandamiento de hombres que les ha sido enseñado; por tanto, he aquí que nuevamente excitaré yo la admiración de este pueblo con un prodigio grande y espantoso; porque perecerá la sabiduría de sus sabios, y se desvanecerá la inteligencia de sus entendidos".

En otras palabras, Dios vencería la sabiduría del soberbio, de los eruditos, y pondría en su lugar la visión de todos por medio de un hombre, a través del cual él había revelado su palabra. Ese hombre fué el profeta José Smith.

Luego, en el ***versículo 18*** Isaías dice: "*En aquel tiempo los sordos oirán las palabras del libro,* y los ojos de los ciegos verán en medio de la oscuridad y de las tinieblas". Por lo tanto, está hablando claramente acerca de un libro que habría de venir en los últimos días. Observen las palabras de la profecía en ***Isaias 29:13:*** "Porque este pueblo se me acerca con su boca, y con sus labios me honra, pero su corazón esta lejos de mí, y su temor de mí no es más que un mandamiento de hombres que les ha sido enseñado . . ." Esas son casi exactamente las palabras que Jesús dijo a José Smith durante la primera visión. (Ver ***José Smith–Historia 1:19.***)

Los Santos de los Últimos Días entienden el cumplimiento de cada uno de estos versículos en Isaías 29. Sin embargo, no he encontrado a nadie más que haya ni siquiera intentado interpretar este pasaje Bíblico en detalle. En los primeros versículos de Isaías 29, encontramos aún más cosas que explican acerca de la aparición del Libro del Mormón, pero no vamos a leerlos ahora porque nos tomaría mucho tiempo.

La Profecía de Malaquías: La Venida de Juan el Bautista

Ahora consideremos el siguiente suceso que aconteció en el proceso de la restauración. Ya hemos hablado acerca de la primera visión, de la venida de Moroni, y de la restauración del Libro del Mormón.

Juan el Bautista vino el 15 de mayo de 1829 y restauró el poder del sacerdocio. ¿Sabían ustedes que su venida fue profetizada en términos muy específicos, en el libro de Malaquías, el último libro del Antiguo Testamento? En ***Malaquías 3:1-3*** el señor dice lo siguiente: "He aquí, yo envío mi mensajero, el cual preparará el camino delante de mí, y vendrá súbitamente a su templo el Señor a quien vosotros buscáis, y el ángel del pacto, a quien deseáis vosotros. He aquí viene, ha dicho Jehová de los ejércitos. ¿Y quién podrá soportar el tiempo de su venida? ¿o quien podrá estar en pie cuando él se manifieste? Porque él es como fuego purificador, y como jabón de lavadores. Y se sentará para afinar y limpiar la plata; porque limpiará a los hijos de Leví, los afinará como a oro y como a plata, y traerán a Jehová ofrenda en justicia."

Analicemos ahora lo que se ha dicho. El señor dice que él enviaría a un mensajero a preparar el camino antes de su venida. Pero ¿a qué venida se refiere? ¿Sería su venida cuando él nació como un humilde bebé en un pesebre? No, ésta es la venida de Cristo en su gloria, ¿o no?—cuando viene con poder. Malaquías dice que Cristo vendrá como un fuego purificador—recordemos que la tierra va a ser quemada y purificada durante su Segunda Venida. Y viene como jabón de lavadores—la lejía es un jabón fuerte, ¿verdad? Por lo tanto, la profecía de Malaquías es que el Señor enviará un mensajero para preparar el camino delante de él, cuando él venga en su gloria.

Ahora, con esto, hagamos una referencia cruzada de un pasaje. Leamos en ***Lucas capítulo séptimo, versículos 27 y 28,*** y veamos algunas cosas que el Salvador dijo durante su ministerio terrenal. Durante este tiempo, Juan el Bautista había hecho acusaciones muy fuertes en contra de los gobernantes de entonces, y éste había enviado a Juan a prisión. Los discípulos de Juan habían acudido al Salvador y le habían contado lo sucedido. En aquel contexto, el Salvador habló a sus otros seguidores acerca de Juan el Bautista, y dijo en Lucas 7:27-28: "Este es de quien está escrito: He aquí, envío mi mensajero delante de tu faz, el cual preparará tu camino delante de ti. Os digo que entre los nacidos de mujeres, no hay mayor profeta que Juan el Bautista". Por lo tanto, el Salvador cita aquel pasaje de Malaquías y dice que Juan el Bautista es el hombre que cumplirá aquella profecía. Sin embargo, la profecía se refería acerca de la futura venida de Cristo en su gloria, cuando el mundo sería limpiado con fuego. Así que el Salvador claramente identifica a Juan como el que vendría y prepararía el camino delante de él. Los Santos de los Últimos Días saben que Juan el Bautista vino el 15 de mayo de 1829, en cumplimiento directo de esta profecía, pero ninguna otra iglesia hace afirmación alguna en cuanto a todo esto.

Los Poderes del Sellamiento Restaurados por Pedro, Santiago y Juan

Ahora leamos otro pasaje de las escrituras. ¿Quién vino después en el proceso de restauración? Fueron Pedro,

Santiago y Juan, ¿verdad? No existe ningún pasaje bíblico que hable específicamente acerca de su venida en los últimos días, pero tenemos algo mucho más importante en las palabras del Salvador en ***Mateo 16:13-19.*** Recuerdan que en este pasaje el Salvador voltea hacia sus discípulos y les pregunta quién pensaban los hombres que él era, y ellos contestaron: bueno, algunos dicen que tú eres Juan, y otros dicen que eres Elías, y algunos dicen que tú eres Jeremías, o alguno de los profetas. Pero Cristo les dijo, "y vosotros, ¿quién decís que soy yo? Respondiendo Simón Pedro dijo: "Tú eres el Cristo, el Hijo del Dios viviente." Entonces el Salvador dijo estas importantes palabras a Pedro: "Bienaventurado eres, Simón, hijo de Jonás, porque no te lo reveló carne ni sangre, sino mi Padre que esta en los cielos. Y yo también te digo, que *tú eres Pedro, y sobre esta roca edificaré mi iglesia;* y las puertas del Hades no prevalecerán contra ella. Y *a ti daré las llaves del reino de los cielos; y todo lo que atares en la tierra será atado en los cielos;* y todo lo que desatares en la tierra será desatado en los cielos".

Veamos, ¿Qué estaba diciendo el Salvador? Los Santos de los Últimos Días reconocen que Pedro era el líder de la iglesia en aquellos días, y fue el mismo Pedro quien regresó en estos últimos días y estableció nuevamente los poderes del sacerdocio mayor aquí sobre la tierra y restauró la autoridad del apostolado a José Smith. ¿Cómo podemos saber que tenemos el sacerdocio mayor aquí en la tierra? ¿Cómo podemos saber que nosotros, los Mormones, tenemos las llaves del reino de los cielos? Bueno, ¿qué poseía Pedro? El poder de sellar tanto en la tierra como en el cielo, ¿cierto? ¿Cuántas iglesias conocen ustedes, en la actualidad, que afirmen tener el poder de atar en la tierra, para que también sea atado en el cielo? Los Santos de los Últimos Días son la única iglesia que afirma poder atar o sellar parejas en matrimonio por tiempo y eternidad, de tal forma que la pareja esté unida después de la muerte. Ninguna otra iglesia puede afirmar, o estar siquiera en posibilidad de sellar, a las parejas hasta la eternidad—todas ellas dicen: "hasta que la muerte los separe". Y el mismo Pedro, a quien el Salvador dijo, "y a ti te daré las llaves del reino de los cielos", regresó en estos últimos días y restauró el poder del apostolado, el poder del Sacerdocio de Melquisedec, y el poder de sellar en la tierra una vez más. Nosotros sabemos que Pedro con sus ayudantes, Santiago y Juan, vino y restauró esos poderes, y los tenemos en nuestra iglesia hoy día.

La Profecía de Malaquías: Elías Volvería el Corazón de los Hijos a sus Padres

Leamos ahora sólo un pasaje más en las escrituras que se refiere a uno de los acontecimientos específicos de la restauración de la Iglesia en estos últimos días. ¿Recuerdan que les conté lo que sucedió el 3 de abril de 1836 en el templo de Kirtland, cuando se aparecieron primeramente el Salvador, luego Moisés y luego Elías? Elías, al estar dando instrucciones sobre la genealogía y sobre el trabajo en el templo, restauró las llaves que volverían el corazón de los padres hacia los hijos, y el corazón de los hijos hacia los padres. Nosotros sabemos que su venida fue profetizada tiempo atrás en los dos últimos versículos del libro de Malaquías en el Antiguo Testamento. Leamos por favor, en ***Malaquías 4, versículos 5 y 6,*** cuando el Señor hace esta promesa por medio de su profeta Malaquías: "He aquí, yo os envio el profeta Elías, antes que venga el día de Jehová, grande y terrible. Él hará volver el corazón de los padres hacia los hijos, y el corazón de los hijos hacia los padres, no sea que yo venga y hiera la tierra con maldición". ¿Cuántas iglesias hablan acerca de la venida de Elías el profeta? ¿Cuántas otras iglesias te dicen el día, la hora, y el lugar cuando sucedió? Ninguna. ¿Cuantas otras iglesias saben que habría una apostasía completa y universal?

En contraste, ¿cuántas iglesias de algún modo, tratan de comprobar el origen de su iglesia hasta la iglesia original, pero no tienen un sustento válido acerca de la autoridad del sacerdocio? Los Católicos dicen: Sí, Pedro fue el primer Papa; sabemos que hubo Papas muy malos, y hubo problemas, pero la iglesia aún continúa y se remonta hasta Pedro.

Nosotros decimos que fue como el tronco de un árbol, que el Señor tomó su hacha y cortó el árbol desde su raíz, ¿verdad? Cortó al árbol debido a la apostasía. Luego vino y plantó un árbol nuevo y restauró el evangelio en esos últimos días. Los protestantes dicen: Oh, los católicos eran malos y corruptos y ellos tenían sus indulgencias, y sus malos caminos, y ellos hablaban acerca de Martín Lutero con sus cosas que clavó en la puerta de la capilla. Pero si el tronco fue cortado, ¿pudieron las ramas haber tenido vida? ¿Pueden las ramas venir de un árbol muerto? No, no pueden, y eso lo sabemos todos.

Un Testigo: La Iglesia de Dios Ha Sido Restaurada

Les doy mi testimonio de que la Biblia dice claramente que la Iglesia verdadera de Jesucristo es la iglesia que reconozca la realidad de la apostasía—que la iglesia de Cristo sería quitada completamente de la tierra. La iglesia verdadera también reconoce cada uno de los pasos en el proceso de la restauración, conforme han sido profetizados en la Biblia, los cuales ya hemos leído. ¿Pueden ustedes darnos alguna otra explicación sobre estas escrituras? No hay ninguna otra interpretación realista, excepto que la verdadera Iglesia de Cristo es una iglesia restaurada—La Iglesia de Jesucristo de los Santos de los Últimos Días.

Les testifico que ésta es la Iglesia de Jesucristo, que sabemos que hubo una apostasía y también una restauración, sabemos lo que dicen las escrituras y tenemos un fundamento basado en las mismas. Sé que en la actualidad, nosotros tenemos las llaves del reino de los cielos.

Deseo que cada uno de ustedes piense cuidadosamente sobre este mensaje, y luego actué en conciencia y reconozca que no podemos recibir las más grandes bendiciones de Dios, sin entrar por la puerta estrecha y ser bautizados dentro de la iglesia restaurada de Jesucristo, por una persona que tenga la autoridad válida del sacerdocio. Pido a mi Padre Celestial para que ustedes lleguen a comprender que Dios ha traído su poder y sus más ricas bendiciones a la iglesia restaurada, y que la iglesia es para crecer y llenar toda la tierra como Daniel vio en su revelación. Les dejo este testimonio que sé que es verdadero, en el nombre de Jesucristo. Amén.

3

Pruebas de la Biblia sobre el Libro de Mormón

Mis hermanos, hermanas y amigos:

Es un placer poder dirigirles la palabra sobre un tema de gran importancia: Pruebas de la Biblia sobre el Libro de Mormón. Me emociona mucho este tema porque muestra la obra precisa de Dios, quien reveló grandes misterios a sus profetas en tiempos del Antiguo Testamento acerca del Libro de Mormón, y preparó cuidadosamente el camino para que la Biblia fuese un testimonio profético de que el Libro de Mormón es también la palabra inspirada de Dios. Quería que la humanidad supiera que el Libro de Mormón, junto con la Biblia, sería otro testigo de que Jesús es verdaderamente el Cristo, nuestro Señor, Salvador y Redentor, y Dios se valió de profecías de la Biblia para testificar que el Libro de Mormón es escritura sagrada revelada e inspirada, igual en importancia que la Biblia, y que es una herramienta para conducirnos a Cristo.

Oren para Recibir la Guía—Las Cosas de Dios Son Reveladas por el Espíritu de Dios

El mensaje que les traigo es de suma importancia, por lo cual van a necesitar valorarlo cuidadosamente por medio de la oración. Me gustaría decirles que se tomen unos minutos y se preparen espiritualmente para recibir el mensaje que deseo compartir con ustedes. Les invito a que oren y pidan a Nuestro Padre Celestial que derrame el Espíritu Santo sobre ustedes mientras leen estas palabras y que pidan que el Espíritu Santo les dé testimonio de que mi mensaje es verdadero.

Por favor, abran sus Biblias en 1 Corintios, capítulo dos, y leamos juntos un pasaje de la escritura muy importante que se encuentra en ***1 Corintios 2:9-12*** y dice así: "Cosas que ojo no vio, ni oído oyó, ni han subido en corazón de hombre, son las que Dios ha preparado para los que le aman. Pero Dios nos las reveló a nosotros por el Espíritu; porque el Espíritu todo lo escudriña, aún lo profundo de Dios. Porque ¿quién de los hombres sabe las cosas del hombre, sino el espíritu del hombre que está en él? Así tampoco nadie conoció las cosas de Dios, sino el Espíritu de Dios. Y nosotros no hemos recibido el espíritu del mundo, sino el Espíritu que proviene de Dios, para que sepamos lo que Dios nos ha concedido . . .".

Ahora les pido que oren e inviten al Espíritu Santo a su mente y a su corazón, y que por medio del Espíritu disciernan la intención e importancia que conlleva este mensaje. Dios nos ha dado información muy importante—que la Biblia testifica que el Libro de Mormón es también palabra revelada por Dios. Quiero que comprendan ese mensaje y que por medio del Espíritu, sepan que es verdadero.

Una Sinopsis de la Historia del Libro de Mormón

Tengo doble trabajo: instruirles un poco sobre la historia del Libro de Mormón y después, mostrarles que la Biblia se refiere a esos acontecimientos históricos. Primeramente les diré la historia:

El Libro de Mormón es el registro de tres grupos de personas que llegaron del Medio Oriente a las Américas en los tiempos del Antiguo Testamento.

El Profeta Lehi y su familia fue el grupo de personas que registró su historia en una forma más completa. Salieron de Jerusalén en el año 600 a.C., justo antes de que fuese tomada esa ciudad por la gente de Babilonia bajo el

Rey Nabucodonosor. Cuando salieron de Jerusalén, se dirigieron hacia el sur para finalmente llegar a las orillas del mar.

Habían traído consigo unas planchas de bronce que contenían mucho de lo que en la actualidad se conoce como el Antiguo Testamento. Contenían los escritos de Isaías y las palabras de otros profetas del Antiguo Testamento. Lehi tuvo cuatro hijos: Lamán, Lemuel, Sam y Nefi. Al salir de Jerusalén, se les unió otra familia cuyo padre respondía al nombre de Ismael. Ambas familias descendían de José, el hijo de Jacob o Israel—ese mismo José que fue vendido en Egipto, en los inicios del Antiguo Testamento. Estas dos familias se casaron entre sí y tuvieron hijos y llegaron a ser dos grandes naciones.

Dios revelaba en forma continua sus deseos a Lehi y a su hijo Nefi. Cuando llegaron a la orilla del mar, se instruyó a Nefi por revelación cómo debería construir un barco, y ese barco trajo a las dos familias a las Américas, que sería la tierra de promisión, como les fue dicho por revelación. Llegaron aproximadamente en el año 589 a.C. y comenzaron a establecer su colonia. Debido a la rebeldía de Lamán y Lemuel, el grupo se dividió en dos después de la muerte de Lehi. Los seguidores de Lamán fueron conocidos como los lamanitas, y los de Nefi como nefitas. Los lamanitas se volvieron inicuos; los nefitas fueron guiados por profetas—hombres de Dios quienes continuamente guiaban a sus seguidores a fin de prepararlos para la venida de Jesucristo. Gran parte de la historia del Libro de Mormón nos habla acerca de las relaciones entre estos dos grupos.

Cuando los dos grupos se separaron, los nefitas llevaron consigo registros de sus antepasados y los escritos de los profetas del Antiguo Testamento, los cuales estudiaban y aplicaban en sus vidas en forma diaria.

Aproximadamente 320 años después, un grupo de nefitas descubrió la ciudad de Zarahemla, que había sido fundada por otro grupo conocido como los mulekitas. Mulek salió de Jerusalén aproximadamente al mismo tiempo que Lehi, escapando cuando Sedequías, rey de Judá, fue llevado cautivo a Babilonia. Su pueblo también viajó por el desierto y el Señor los guió a través del océano hacia las Américas. Los mulekitas y los nefitas se unieron y las dos culturas se fusionaron en una.

A través de los años varios profetas nefitas hablaron acerca del nacimiento del Salvador y de la estrella que sería el símbolo de su nacimiento. Esa estrella se vio en las Américas y reconocieron que su Salvador había nacido. Cambiaron su sistema del tiempo y empezaron a contar los años desde el día del nacimiento del Salvador. Los nefitas también supieron de la muerte del Salvador, y experimentaron erupciones volcánicas muy severas y otras calamidades de la naturaleza cuando Jesucristo fue crucificado.

Una de las partes más importantes del Libro de Mormón es el registro conocido como Tercer Nefi, que relata la forma en que Jesús vino a las Américas y se apareció a los nefitas y lamanitas varios meses después de su resurrección. El libro es un testigo poderoso de la veracidad del sacrificio expiatorio del Salvador, de su conquista sobre la muerte y de su amor por la humanidad.

Después de la visita de Jesucristo a las Américas, hubo paz entre las dos naciones durante más de 200 años, conforme la gente vivía en rectitud, pero cuando la maldad empezó a extenderse entre las dos culturas, hubo guerras entre ellos. Los nefitas, quienes previamente habían sido más rectos que los lamanitas, llegaron a ser más inicuos que sus hermanos. Casi al finalizar el Libro de Mormón, éste nos relata acerca de grandes guerras que ocurrieron entre los nefitas y los lamanitas, terminando en una batalla final en el año 385 d.C., en la cual la mayoría de los nefitas murieron y sólo se salvó un puñado de ellos. Antes de esta batalla, Mormón, el profeta y líder Nefita, fue instruído por el Señor para que llevara consigo las planchas de metal sobre las cuales habían escrito su historia de los nefitas, condensó esas historias en planchas que él llamó las planchas de Mormón. Mormón fue uno de los pocos nefitas que sobrevivió a la última batalla, así como su hijo Moroni. Mormón entregó las planchas a Moroni, quien las enterró a fin de que aparecieran en los últimos días. Debido a que Mormón hizo un compendio de las planchas que contenían la historia del Libro de Mormón, el libro en la actualidad lleva su nombre y es conocido como el Libro de Mormón.

Un tercer grupo también vino a las Américas desde el Medio Oriente, pero mucho antes, en los tiempos de la Torre de Babel. El Libro de Mormón nos relata de un hombre llamado Jared y sus seguidores que fueron guiados desde la Torre de Babel más de 2,200 años antes del nacimiento de Cristo. Los Jareditas también cruzaron el océano para venir a las Américas y se asentaron aproximadamente en la misma área a donde finalmente llegarían los nefitas y los mulekitas. Entre los Jareditas había profetas de Dios, quienes guiaron e inspiraron al pueblo; pero conforme grupos de inicuos surgieron de entre ellos, los Jareditas también tuvieron guerras internas que finalmente los aniquilaron como pueblo. El último sobreviviente de los Jareditas fue descubierto por los mulekitas alrededor de 1,700 años después de que la civilización Jaredita comenzara. La historia de los Jareditas se sintetiza en el libro de Éter, que es parte del Libro de Mormón.

Por lo tanto, el Libro de Mormón nos cuenta de tres civilizaciones o culturas que fueron guiadas por Dios hacia las Américas: los jareditas, los nefitas y los mulekitas. El

Libro de Mormón nos relata que cada una de las tres civilizaciones prosperó cuando obraba con justicia, pero se ganaron la ira de Dios al volverse inicuos y hacia la maldad. Finalmente, las tres civilizaciones fueron destruidas cuando cesaron de adorar y obedecer al Señor y Salvador.

Aprendemos mucho acerca de Jesucristo en el Libro de Mormón, al leer los escritos de los muchos profetas inspirados por Dios para que enseñaran a su pueblo. El Libro es verdaderamente un testimonio de Cristo.

Ya estuvo bien de historia, ahora consideremos algunas referencias de la Biblia que nos muestran que el Libro de Mormón, como la Biblia, es realmente una parte de la palabra revelada por Dios para la humanidad.

La Profecía de Jesucristo: Otras Ovejas Oirán mi Voz

El Señor, junto con muchos otros profetas del Antiguo Testamento, se refirió en forma sorprendente, al pueblo del Libro de Mormón; estas alusiones poderosas no pueden ser ignoradas por aquéllos que buscan la verdad con honestidad. Aproximadamente seis meses antes de su crucifixión, durante su último ministerio Judío, Jesús fue a la Fiesta de los Tabernáculos en Jerusalén. Durante su estancia en ese lugar, fue desafiado por los Fariseos y discutieron los puntos de su doctrina. En ***Juan, capítulo diez,*** leemos acerca de la parábola del buen pastor diciéndoles: ". . . El que no entra por la puerta en el redil de las ovejas, sino que sube por otra parte, ése es ladrón y salteador. Mas el que entra por la puerta, el pastor de las ovejas es. A éste abre el portero, y las ovejas oyen su voz; y a sus ovejas llama por nombre, y las saca". Luego Jesús les dice, "De cierto, de cierto os digo: Yo soy la puerta de las ovejas. . . . Yo soy el buen pastor; el buen pastor su vida da por las ovejas".

En ***Juan 10, versículos 14-15*** dice: "Yo soy el buen pastor; y conozco mis ovejas, y las mías me conocen, así como el Padre me conoce, y yo conozco al Padre; y pongo mi vida por las ovejas". Luego en ***Juan 10:16*** leemos el versículo tan significativo donde Jesús se refiere al pueblo del que leemos en el Libro de Mormón, y dijo: "También tengo otras ovejas que no son de este redil; aquéllas también debo traer, y oirán mi voz; y habrá un rebaño, y un pastor".

En 3 Nefi, capítulo 15 del Libro de Mormón, leemos las palabras de Jesucristo cuando visitó a los lamanitas y nefitas en las Américas después de su resurrección: Les dijo que sus antepasados habían sido separados de la casa de Judá debido a la iniquidad de los Judíos. Les habló también de las otras tribus de la casa de Israel que habían sido separadas de la casa de Judá y les dijo que debido a la iniquidad de los Judíos, no pudieron conocer la ubicación de esas otras tribus.

Luego en ***3 Nefi, capítulo 15, versículos 21-24,*** les explicó el pasaje acerca de las "otras ovejas" a las que se refiere el capítulo 10 de Juan y les dijo: "Y de cierto os digo que vosotros sois aquellos de quienes dije: Tengo otras ovejas que no son de este redil; aquéllas también debo yo traer, y oirán mi voz; y habrá un rebaño y un pastor. Y no me comprendieron porque pensaron que eran los gentiles; porque no entendieron que, por medio de su predicación, los gentiles se convertirían. Ni me entendieron que dije que oirán mi voz; ni me comprendieron que los gentiles en ningún tiempo habrían de oír mi voz; que no me manifestaría a ellos sino por el Espíritu Santo. Mas he aquí, vosotros habéis oído mi voz y también me habéis visto; y sois mis ovejas, y contados sois entre los que el Padre me ha dado".

Así que el Libro de Mormón contiene la explicación de ese pasaje en Juan 10, el cual ha sido un misterio para los doctos en la Biblia durante cientos de años. Siempre se han preguntado quienes son esas otras ovejas que no eran los Judíos, pero sin embargo aún eran parte del rebaño de Jesucristo. Algunos han dicho que eran los gentiles, pero Jesús estuvo entre los gentiles sólo una vez y dijo que él no había sido enviado a ellos. Leemos acerca de esto en Mateo, capítulo 15; cuando efectuó una breve visita a Tiro y Sidón, se le acercó una mujer cananea quien le dijo que sanara a su hija, el Salvador contestó en ***Mateo 15:24,*** "No soy enviado sino a las ovejas perdidas de la casa de Israel." Y aunque sanó a la hija de esta mujer cananea, no tenemos ningún otro registro donde se mencione que Jesús ministró entre los gentiles. Su misión en aquella época era sólo para Israel, y el pueblo del Libro de Mormón eran sus otras ovejas.

La Profecía de Jacob: Los Descendientes de José Vendrían a los Collados Eternos

Encontramos otro pasaje Bíblico con fuertes vínculos hacia el Libro de Mormón en Génesis, capítulo 49. Recordemos algo sobre la historia del Antiguo Testamento para preparar el marco para esta profecía. Recuerden que Abraham era el padre de Isaac y que Isaac era el padre de Jacob; y Jacob fue el padre de los hijos que llegaron a ser las cabezas de las doce tribus de Israel. El Señor Jehová cambió el nombre de Jacob por el de Israel. Jacob tuvo un hijo que era particularmente notable. Fue José, el que fue vendido en Egipto por sus hermanos. Después de que José salvó al pueblo de Egipto y a todas las naciones a su alrededor de los efectos de los siete años de hambruna, llegó a ser el segundo del Faraón.

Al final de Génesis leemos cómo Jacob, para entonces ya un anciano cercano al fin de sus días, pronunció bendiciones proféticas sobre sus hijos y sobre dos de sus nietos. En Génesis, capítulo 49 encontramos esas bendiciones proféticas dadas a sus descendientes. En ***Génesis 49:22-26,*** se encuentran las palabras proféticas que pronunció acerca de los descendientes de José, y esas palabras describen hechos que sucedieron en los registros del Libro de Mormón y esto es lo que dice:

"Rama fructífera es José, rama fructífera junto a una fuente, cuyos vástagos se extienden sobre el muro. Le causaron amargura, le asaetearon. Y le aborrecieron los arqueros; mas su arco se mantuvo poderoso, y los brazos de sus manos se fortalecieron por las manos del Fuerte de Jacob (Por el nombre del Pastor, la Roca de Israel), por el Dios de tu padre, el cual te ayudará, por el Dios Omnipotente, el cual te bendecirá con bendiciones de los cielos de arriba, con bendiciones del abismo que está abajo, con bendiciones de los pechos y del vientre. Las bendiciones de tu padre fueron mayores que las bendiciones de mis progenitores; hasta el término de los collados eternos serán sobre la cabeza de José, y sobre la frente del que fue apartado de entre sus hermanos."

Analicemos esta gran bendición, porque encontramos varias frases que se aplican solamente en el recuento de Lehi y su pueblo, quienes fueron descendientes de José.

El versículo 22 dice: "Rama fructífera es José, rama fructífera junto a una fuente, cuyos vástagos se extienden sobre el muro." Veamos si podemos comprender esta frase. "Rama fructífera es José" quiere decir que iba a tener muchos descendientes. Iba a ser una rama fructífera junto a una fuente," o junto al mar, y sus vástagos iban a extenderse sobre el muro. En la antigüedad, el pueblo de Israel era un pueblo de tierra, no de navegación, y el mar formaba un muro. Sin embargo, la profecía de José era que un vástago de la casa de José iba a cruzar ese muro, o sea, cruzar el mar. Y eso fue exactamente lo que sucedió cuando la familia de Lehi construyó un barco y navegaron por el muro, que era el mar.

Encontramos otra frase que es muy significativa. En el versículo 26 dice: "Las bendiciones de tu padre fueron mayores que las bendiciones de mis progenitores, hasta el término de los collados eternos . . .". ¿Qué quiere decir esto? Nos dice hacia dónde fueron los descendientes de José que cruzaron el gran océano. Si vemos un mapa mundial y buscamos la cordillera de montañas más grande, encontraremos los collados eternos. Esos collados eternos son las montañas que surgen del mar, muy al norte en la punta occidental de Alaska. Las montañas emergen del mar, luego hacen curva hacia Alaska y Canadá y los Estados Unidos, México y Centro América, y continúan hasta llegar a la punta de América del Sur, donde desaparecen nuevamente en el mar. Son verdaderamente collados eternos sin ningún principio o fin visibles. Es la cordillera más grande de la tierra.

Queda claro que Jacob sabía lo que sucedería con la colonia del Libro de Mormón cuando predijo que algunos vástagos de José, no todos, sino algunos, se extenderían sobre el muro; que sus descendientes serían grandemente bendecidos, y que esas bendiciones serían mayores que las bendiciones de sus hermanos, porque se extenderían hasta el final de los collados eternos, cuando vinieran a las Américas. Profetizó que esas bendiciones serían sobre la cabeza de aquél que fue apartado de entre sus hermanos. Ese es Lehi—nosotros creemos que vino con su pueblo y se establecieron en las Américas.

Habrá algunos que no estén de acuerdo con esta interpretación, pero si deciden no estar de acuerdo, entonces tendrán que dar su propia explicación. Primero, quiénes serían los vástagos de José que se extenderían sobre el muro; segundo, dónde estaba ese muro; tercero, dónde está la tierra de los collados eternos hacia donde se extenderían esos vástagos; y cuarto, deberán explicar quién sería separado de entre sus hermanos, que era descendiente de José. Ese es mi desafío hacia ellos: dar una explicación adecuada de estos cuatro enunciados.

Cuando leo los escritos de los estudiosos de la Biblia, me parece que no tienen ninguna respuesta a esas cuatro preguntas. No pueden identificar quiénes eran los vástagos o cuál era el muro sobre el cual se extenderían, o dónde estaría la tierra de los collados eternos, o quién era el descendiente de José que sería separado de entre sus hermanos. Sin embargo, encontramos todas esas respuestas en el Libro de Mormón porque cumple las profecías de la Biblia.

La Profecía de Ezequiel: Palo de Judá y José se Unirán

Encontramos una profecía en Ezequiel, capítulo 37 que también es muy significativa. En tiempos del Antiguo Testamento, cuando el pueblo quería tener un registro escrito, escribían en pergaminos o papiros. Tomaban esos papiros y los enrollaban en palos para que cuando se refirieran a un registro escrito, lo llamaran palo. En el capítulo 37 de Ezequiel encontramos una profecía de cómo habría un registro de Judá, que es la Biblia, y también otro registro, de José. Y la profecía dice que esos registros serían unidos en los últimos días, y que cuando llegase el tiempo de que se juntasen, sucederían otros acontecimientos: la restauración de la casa de Israel y de la casa de Judá para que viviesen juntos en la tierra de Israel, la construcción del tabernáculo del Señor o un templo en ese lugar, y el reinado de un rey que respondería al nombre de David, quien sería su gobernante en los últimos días. Esta es una de las profecías más significativas que tenemos en la Biblia, concerniente a los acontecimientos de los últimos días.

Leamos ahora la parte que habla de los dos registros, el palo de Judá y el palo de José, y la encontramos en ***Ezequiel 37:15-20.*** Dice: "Vino a mí palabra de Jehová, diciendo: Hijo de hombre, toma ahora un palo, y escribe en él: Para Judá, y para los hijos de Israel sus compañeros. Toma después otro palo, y escribe en él: Para José, palo de Efraín, y para toda la casa de Israel sus compañeros. Júntalos luego el uno con el otro, para que sean uno sólo, y serán uno sólo en tu mano. Y cuando te pregunten los hijos de tu pueblo, diciendo: ¿No nos enseñarás qué te propones con eso?, diles: Así ha dicho Jehová el Señor: He aquí, yo tomo el palo de José que está en la mano de Efraín, y a las tribus de Israel sus compañeros, y los pondré con el palo de Judá, y los haré un sólo palo, y serán uno en mi mano. Y los palos sobre que escribas estarán en tu mano delante de sus ojos . . ."

Esta es una profecía de que los registros de Judá, o sea la Biblia, y el registro de José serán unidos. Después, vendrá el tiempo cuando la casa de Israel será reunida y Judá e Israel habitarán juntos en la tierra de Israel.

Sabemos cual es el palo de Judá—es la Biblia. Pero ¿quién más, aparte de los Santos de los Últimos Días, ofrece explicación alguna acerca de lo que es el palo de José? Vemos que el Libro de Mormón es el registro de José, pero nadie más reclama nada acerca de cuál registro cumple con esta gran profecía.

Nefi hizo una profecía en el Libro de Mormón que explica la forma en la que el Señor reunirá los registros de las varias partes de la Casa de Israel. Nefi vió que habría un tiempo en los últimos días cuando el Libro de Mormón aparecería y el hombre se quejaría y cuestionarían su validez diciendo: "¡Una Biblia! ¡Una Biblia! ¡Tenemos una Biblia, y no puede haber más Biblia!" En el ***capítulo 29 de 2 Nefi,*** el profeta cita las palabras de una revelación que había recibido de Dios sobre el tema, en la cual el Señor dijo: "¿No sabéis que hay más de una nación? ¿No sabéis que yo, el Señor vuestro Dios, he creado a todos los hombres, y que me acuerdo de los que viven en las islas del mar; y que gobierno arriba en los cielos y abajo en la tierra; y manifiesto mi palabra a los hijos de los hombres, sí, sobre todas las naciones de la tierra? ¿Por qué murmuráis por tener que recibir más de mi palabra? ¿No sabéis que el testimonio de dos naciones os es un testigo de que yo soy Dios, que me acuerdo tanto de una nación como de otra? Por tanto, hablo las mismas palabras, así a una como a otra nación. Y cuando las dos naciones se junten, el testimonio de las dos se juntará también. Y hago esto para mostrar a muchos que soy el mismo ayer, hoy y para siempre; y que declaro mis palabras según mi voluntad. Y no supongáis que porque hablé una palabra, no puedo hablar otra; porque aún no está terminada mi obra; ni se acabará hasta el fin del hombre; ni desde entonces para siempre jamás. Así que no por tener una Biblia, debéis suponer que contiene todas mis palabras; ni tampoco debéis suponer que no he hecho escribir otras más. Porque mando a todos los hombres, tanto en el este, como en el oeste, y en el norte, así como en el sur y en las islas del mar, que escriban las palabras que yo les hablé; porque de los libros que se escriban juzgaré yo al mundo, cada cual según sus obras, conforme a lo que esté escrito. Porque he aquí, hablaré a los judíos, y lo escribirán; y hablaré también a los nefitas, y éstos lo escribirán; y también hablaré a las otras tribus de la casa de Israel que he conducido lejos, y lo escribirán; y también hablaré a todas las naciones de la tierra, y ellas lo escribirán. Y acontecerá que los judíos tendrán las palabras de los nefitas, y los nefitas tendrán las palabras de los judíos; y los nefitas y los judíos tendrán las palabras de las tribus perdidas de Israel; y éstas poseerán las palabras de los nefitas y los judíos. Y sucederá que mi pueblo, que es de la casa de Israel, será reunido sobre las tierras de sus posesiones; y mi palabra se reunirá también en una. Y manifestaré a los que luchen contra mi palabra y contra mi pueblo, que es de la casa de Israel, que yo soy Dios, y que hice convenio con Abraham de que me acordaría de su posteridad para siempre".

Así que la profecía de Nefi de que los registros o palos de las diferentes partes de la Casa de Israel serían reunidos y que Israel entonces sería reunido sobre las tierras de sus posesiones, es paralela a la profecía de Ezequiel 37, que el Señor reuniría al palo de Judá y al palo de José y que después reuniría al pueblo de Judá e Israel y los haría una nación en los montes de Israel. La Biblia y el Libro de Mormón son testigos paralelos de la obra de Dios en los últimos días.

La Profecía del Salmista: La Verdad Brotará de la Tierra

Hay otras profecías de la Biblia que hablan acerca del Libro de Mormón. Muchas de ellas hacen alusión a la manera en la que el Libro de Mormón aparecería. A fin de poder entender esas profecías, es necesario que sepan un poco más acerca de cómo el Libro de Mormón fue restaurado a la tierra en estos últimos días. En el año de 1823, en la noche del 21 de septiembre, un joven llamado José Smith fue visitado en su habitación en Manchester, Nueva York, por un ser angelical quien se identificó como Moroni. Este Moroni era el mismo hijo de Mormón quien había enterrado las planchas de Mormón hacía más de 1,400 años después de la batalla final en la que la mayoría del pueblo nefita fue destruido. Ahora, como ser resucitado, Moroni había regresado a preparar el camino para la restauración aquí en la tierra, de este registro tan importante. Durante la noche del 21 de septiembre, Moroni visitó a José Smith tres veces y le dijo acerca de la misión que tendría que desempeñar, y en la visión le mostró el lugar donde estaban enterradas las planchas, a fin de que las pudiera obtener. Después, una vez al año, durante cuatro años, Moroni se reunió con José en el lugar donde habían sido enterradas las planchas, y le enseñó y le preparó para poder obtenerlas y traducirlas a un lenguaje moderno por medio del don y el poder de Dios. Finalmente, el 22 de septiembre de 1827, José sacó las planchas que habían sido enterradas por Moroni en un cerro cerca de su casa, y Moroni vió que José sacaba las planchas de la tierra y se preparaba para llevarlas y guardarlas en su casa.

En el ***Salmo 85:11,*** se hace una alusión muy interesante a este evento y dice: "La verdad brotará de la tierra, y la justicia mirará desde los cielos." ¿Qué otro evento existe en la historia de la humanidad donde diga que un ser angelical miraría desde los cielos al ser sacadas de la tierra las palabras de Dios? No existe registro alguno en la historia que específicamente cumpla con esta declaración profética. Nuevamente, la respuesta a la profecía de la Biblia se encuentra solamente en el Libro de Mormón.

La Profecía de Isaías: La Restauración y la Aparición del Libro de Mormón

Una de las profecías Bíblicas más significativas se relaciona no sólo con los acontecimientos del Libro de Mormón, sino con la aparición del mismo en los últimos días. Nuevamente, a fin de comprender la profecía, es necesario que sepamos la historia de cómo salió a la tierra el Libro de Mormón. La primera visión que Dios otorgó a José Smith, fue cuando éste era un joven de menos de 15 años, en la primavera de 1820. Debido a que estaba muy preocupado acerca de a qué iglesia unirse, José se fue al bosque cerca de su casa en la parte norte del Estado de Nueva York, y allí lo visitaron dos personajes celestiales.

Al escribir su visión lo hizo así: "... vi en el aire arriba de mí a dos Personajes, cuyo fulgor y gloria no admiten descripción. Uno de ellos me habló, llamándome por mi nombre y dijo señalando al otro: 'Éste es Mi Hijo Amado: ¡Escúchalo!' Había sido mi objeto recurrir al Señor para saber cual de todas las sectas era la verdada, a fin de saber a cuál unirme. Por tanto, luego que me hube recobrado lo suficiente para poder hablar, pregunté a los Personajes ... cuál de todas las sectas era la verdadera ... y a cuál debía unirme. Se me contestó que no debía unirme a ninguna, porque todas estaban en error; y el Personaje que me habló dijo que todos sus credos eran una abominación a su vista; que todos aquellos profesores se habían pervertido; que 'con sus labios me honran, pero su corazón lejos está de mí; enseñan como doctrinas los mandamientos de los hombres, teniendo apariencia de piedad, mas negando la eficacia de ella'. De nuevo me mandó que no me uniera a ninguna de ellas; y muchas otras cosas me dijo que no puedo escribir en esta ocasión ...". (***José Smith–Historia, 1:17-20***).

Ya he descrito brevemente la segunda serie de manifestaciones que José recibió desde septiembre de 1823 hasta septiembre de 1827, cuando las planchas finalmente le fueron entregadas. Lo que vino después fue la traducción de dichas planchas por medio del don y el poder de Dios. Cuando las recibió, se dió cuenta de que dos tercios de las planchas estaban selladas y que no le era permitido abrir o examinar la parte sellada de éstas. En los días subsecuentes, empezó a traducir utilizando herramientas de traducción que habían sido enterradas junto con las planchas y que se llamaban Urim y Tumim.

Al comenzar la traducción, un amigo que le había ayudado, Martín Harris, le solicitó copia de los caracteres de las planchas y parte de la traducción que había hecho para mostrárselas a varios lingüistas distinguidos en la ciudad de Nueva York y obtener su opinión acerca de la validez de la traducción. Martín obtuvo copia de los caracteres y visitó en Nueva York al Profesor Charles Anthon, a quien mostró los caracteres; después de examinar, tanto los caracteres como la traducción, el profesor Anthon le entregó un documento en el que certificaba que los escritos eran auténticos en egipcio, caldeo, asirio y árabe, así como la traducción. Martín Harris metió el papel en su bolsillo y se disponía a salir cuando Anthon lo llamó y le preguntó cómo había obtenido José Smith las planchas de oro que estaban en el cerro; él le explicó que un ángel de Dios le había revelado el lugar al Profeta. El Dr. Anthon le dijo: "Déjame ver el certificado". Y cuando Martín se lo entregó, lo hizo pedazos diciendo que ya no existían cosas tales como la ministración de ángeles, y que si le llevaba las planchas, él las traduciría. Cuando Martín le informó que parte de las planchas estaban selladas y que le era prohibido llevarlas, el Dr. Anthon contestó con palabras que eran el cumplimiento de la profecía: "No puedo leer un libro sellado".

Luego Martín Harris visitó al Dr. Mitchell quien confirmó lo que el Profesor Anthon había dicho respecto de los caracteres y la traducción.

Uno de los pasajes más emocionantes en todo el Antiguo Testamento es Isaías 29, que se refiere en detalle a estos incidentes. Déjenme leerles ***Isaías 29:11-14:*** "Y os será toda visión como palabras de libro sellado, el cual si dieren al que sabe leer, y le dijeren: Lee ahora esto; él dirá: No puedo, porque está sellado. Y si se diere el libro al que no sabe leer, diciéndole: Lee ahora esto; él dirá: No sé leer. Dice, pues, el Señor: Porque este pueblo se acerca a mí con su boca, y con sus labios me honra, pero su corazón está lejos de mí, y su temor de mí no es más que un mandamiento de hombres que les ha sido enseñado; por tanto, he aquí que nuevamente excitaré yo la admiración de este pueblo con un prodigio grande y espantoso; porque perecerá la sabiduría de sus sabios, y se desvanecerá la inteligencia de sus entendidos".

Que profecía tan maravillosa. No sólo se refiere a la primera visión de José Smith cuando fue visitado por Dios el Padre y su Hijo, el Señor Jesucristo, sino también al incidente cuando Martín Harris llevó los caracteres del Libro de Mormón y los mostró al Dr. Anthon.

Examinemos esto en detalle: dice, "Y os será toda visión como palabras de libro sellado". Ésta es una declaración realmente maravillosa, como maravilloso es el alcance del Libro de Mormón, ¿no creen? ¡La visión de todos!

Y también fíjense que el libro que daría cumplimiento a esa promesa sería un libro sellado. Los estudiosos de la Biblia han estado luchando con esta frase durante años. Y la profecía nos dice que las palabras del libro serían enviadas a alguien que fuera versado diciendo: "Lee esto;" y el contestaría, "No puedo; porque está sellado", y esas fueron casi exactamente las palabras del versado Dr. Anthon. La profecía también nos dice que el libro sería dado a alguien sin gran instrucción y que él contestaría: "No soy instruido". Nosotros creemos que esa persona era José Smith, quien realmente estaba preocupado por su falta de preparación académica, pero a quien le fue dada la habilidad y capacidad para traducir el Libro de Mormón por medio del don y el poder de Dios.

Y luego la profecía en Isaías 29, da en detalle casi las palabras exactas que escuchó José de labios del Salvador: "Porque este pueblo se acerca a mí con su boca, y con sus labios me honra, pero su corazón está lejos de mí, y su temor de mí no es más que un mandamiento de hombres que les ha sido enseñado". Y debido al hecho de que los hombres temían a Dios porque "era un mandamiento de hombres", el Señor prometió por medio de Isaías que llevaría a cabo entre la gente "una obra maravillosa y un prodigio", y que haría que la sabiduría de los sabios pereciera y se desvaneciera la inteligencia de los entendidos. Y esto es exactamente lo que tenemos con este pasaje. Durante mucho tiempo y para su gran consternación, los estudiosos de la Biblia no han podido explicar, aún en términos generales, lo que este pasaje de Isaías 29 quiere decir. Sin embargo, los Santos de los Últimos Días, con el conocimiento del Libro de Mormón y la forma en que este apareció por medio de José Smith, reconocen, en forma detallada, el cumplimiento de la profecía.

Unos versículos más adelante, en ***Isaías 29:18,*** dice: "En aquél tiempo los sordos oirán las palabras del libro, y los ojos de los ciegos verán en medio de la oscuridad y de las tinieblas". Por lo tanto, vemos que este libro, que fue sellado, sería escuchado y visto por aquéllos que son sordos y ciegos, y reconocemos que la profecía se ha cumplido por medio del equipo de alta tecnología que la Iglesia ha utilizado, así como por la edición en Braile del Libro de Mormón, está disponible para los que lo necesiten.

La profecía de Isaías 29 está detallada, y es específica y se ha cumplido literalmente—no es un cumplimiento imaginario, sino que podemos ver el cumplimiento de esta profecía palabra por palabra y paso a paso, y es claro y fácil de identificar. Si los críticos del Mormonismo dudan de la interpretación de esta profecía, desafíenlos para que les den una explicación válida de cada uno de los detalles de ésta. Pregúntenles qué libro fue sellado, y cómo fue "La Visión de todos". Pregúntenles quién era el hombre de letras que dijo "No puedo leer un libro sellado" y por qué la declaración del Señor de que "este pueblo se me acerca con su boca y con sus labios me honra, pero que sus corazones están lejos de mi", y si esto tiene algún significado en este contexto. También que les expliquen la forma en que se ha cumplido la parte de la profecía que dice que los sordos y los ciegos recibirían las palabras del libro. Ellos no tienen ninguna respuesta coherente, pero sus amigos mormones entienden perfectamente cada frase de la profecía. ¡Oren para que reciban discernimiento sobre este asunto!

La Profecía de Isaías: La Caída del Pueblo Nefita

Pero aún hay más sobre esta profecía en el capítulo 29 de Isaías que trata de la aparición del Libro de Mormón. Hay también una profecía grande que se refiere a la batalla final entre los nefitas y los lamanitas, así como de otros acontecimientos que encontramos en el Libro de Mormón.

Revisemos estos acontecimientos antes de darles una explicación sobre la profecía. La batalla final entre los nefitas y los lamanitas sucedió en un gran cerro conocido en el Libro de Mormón como el Cerro de Cumorah. Los nefitas habían reunido a su gente en la cima del cerro para esperar el desafío de los lamanitas, quienes llegaron, rodearon el cerro y acamparon contra ellos, después atraparon a los nefitas para que no pudieran escapar. Luego de una gran batalla que duró un día, bajaron y mataron a más de 230.000 hombres nefitas junto con sus mujeres e hijos. Todo esto sucedió en un día. Los registros de los nefitas habían sido enterrados en el cerro, y Moroni los sacó del lugar donde estaban escondidos al final del conflicto. Moroni fue uno de los pocos nefitas que escapó con vida.

El gran profeta Isaías comparó la caída de los nefitas con la caída de Jerusalén; él sabía que Jerusalén caería;

esto lo encontramos en Isaías 29. Tiene mucho significado leer cómo se hace esta comparación, al ser detallados los sucesos. Leamos juntos el ***primer versículo de Isaías 29*** que dice: "Ay de Ariel, de Ariel, ciudad donde habitó David! Añadid un año a otro, las fiestas sigan su curso". Ariel es otro nombre para Jerusalén. El pasaje continúa así: "Más yo pondré a Ariel en apretura, y será desconsolada y triste . . ."; luego empieza la comparación que dice: *"y será a mí como Ariel"*. Por lo tanto, ya no estamos hablando de la caída de Jerusalén, estamos hablando acerca de algo más a la cual Isaías se refiere como "y será", está siendo comparada con la caída de Jerusalén. "Y será a mí como Ariel".

Y luego el Señor, por medio de Isaías, da cuatro características de esta batalla que se llevaría a cabo. Dijo: "Porque acamparé contra ti alrededor, y te sitiaré con campamentos, y levantaré contra ti baluartes". Esa es la primera característica: acampar alrededor, o rodearlos. "Y serás humillada, o derrotada"—esa es la segunda característica de la batalla de que habla Isaías. Y la tercera es "hablarás desde la tierra, y tu habla saldrá del polvo, y será tu voz de la tierra como la de un fantasma, y tu habla susurrará desde el polvo". Luego, Isaías profetiza la cuarta característica de la batalla: "y será repentinamente, en un momento".

Vamos a resumir las cuatro características proféticas de esta batalla: La 1ª, "Porque acamparé contra ti alrededor", o rodear la base del cerro. La 2ª, "y serás humillada", o derrotada. La 3ª, "y hablarás desde la tierra"—la historia de la batalla sería tomada desde la tierra de alguna forma. Y la 4ª, "y será repentinamente, en un momento"; o sea que sucedería en un período de tiempo muy corto.

Durante esta batalla, cuando los nefitas se hallaban reunidos en la cima del Cerro de Cumorah, los lamanitas los rodearon y acamparon contra ellos a su alrededor. Segundo: Los nefitas fueron bajados y derrotados. Tercero: sus registros emergieron desde la tierra para contar el resultado del conflicto. Y por último, sucedió en un instante, de repente, con aproximadamente un millón de nefitas muertos en un sólo día. ¿Se dan cuenta cúanta gente era? Es más del total de vidas que se perdieron en la Guerra de Revolución, la Guerra de 1812, la Guerra Mexicana, la Guerra Civil, la Guerra Hispano Americana, la Primera Guerra Mundial y una parte de la Segunda Guerra Mundial. Fue un conflicto muy grande, y sucedió repentinamente ¡en un sólo día!

Pero Isaías decía: "y serás"—estaba comparando el lugar con Jerusalén, también dijo otras características más. En ***Isaías 29:6*** dijo: "serás visitada con truenos, con terremotos y con gran ruido, con torbellino y tempestad, y llama de fuego consumidor". Un capítulo completo del ***3 Nefi, capítulo 6*** en el Libro de Mormón, describe en forma detallada el cumplimiento de esta profecía, narrando las terribles destrucciones que sucedieron durante la crucifixión de Jesucristo. Por supuesto, hubo un cumplimiento específico de esta profecía cuando Isaías se refirió a ella como "y serás", lugar que estaba comparando con Jerusalén.

La Profecía de Isaías: No Habrá Revelación durante la Gran Apostasía

Los ***versículos 9 y 10 de Isaías capítulo 29*** nos dicen de otro acontecimiento entre el pueblo del Libro de Mormón, que dice "y serás", como lugar o civilización lo estaba comparando con Jerusalén. Dijo: "Deteneos y maravillaos; ofuscaos y cegaos; embriagaos, y no de vino; tambalead, y no de sidra. Porque Jehová derramó sobre vosotros espíritu de sueño, y cerró los ojos de vuestros profetas, y puso velo sobre las cabezas de vuestros videntes".

Esto es lo que sucedió en las Américas cuando los nefitas fueron destruidos y sus profetas llevados de entre ellos. Esta gran destrucción en las Américas fue causa de hambre por escuchar las palabras del Señor; así que por más de 1,400 años no tuvieron la bendición de ser guiados por sus profetas y videntes. La restauración del Libro de Mormón, el registro de la relación de Dios con su pueblo en las Américas, inició el proceso de quitar la obscuridad espiritual que había y que prevalecía; como ya hemos leído en el versículo 11, "Y os será toda visión como palabra de libro sellado . . .".

Resumamos, pues, las muchas profecías específicas que se cumplieron por medio del Libro de Mormón y su restauración, como encontramos en Isaías 29. *Al inicio* del capítulo, Isaías compara la caída de Jerusalén con algún lugar que él dice "y serás"; y ese "y serás" tiene referencia con la caída de los nefitas en las Américas, pues dijo: "Porque acamparé contra ti alrededor". Este primer punto se cumplió cuando los lamanitas atacaron a los nefitas rodeando el Cerro de Cumorah. "Y serás humillada", el *segundo* punto se cumplió cuando los nefitas fueron destruidos. *Tercero,* "hablarás desde la tierra", se cumplió cuando el Libro de Mormón emergió desde donde estaba enterrado dentro del cerro. La *cuarta:* "y será repentinamente, en un momento"—así fue como sucedió la destrucción del pueblo Nefita, en un día. *Quinto,* "serás visitada con truenos, con terremotos y con gran ruido, con torbellino y tempestad, y llama de fuego consumidor". El Libro de Mormón narra sucesos cataclísmicos que ocurrieron después de la Crucificción de Jesucristo como cumplimiento de esta parte de la profecía. *Sexto,* "y cerró los ojos de vuestros profetas, y puso velo sobre las cabezas de vuestros videntes". Ya no había profetas en las Américas después de la destrucción de los nefitas. *Séptima,* "y os será toda visión como palabras de libro sellado"; dos terceras partes de las planchas del Libro de Mormón fueron selladas y no le fue permitido a José Smith traducirlas.

Octava, se darían palabras de libro a un erudito quien al pedírsele leerlo diría, "No puedo porque está sellado". Eso fue precisamente lo que Charles Anthon expresó cuando Martín Harris lo visitó. *Noveno,* la profecía en Isaías registra exactamente las palabras que el Señor le dijo a José Smith en su primera visión: "Porque este pueblo se acerca a mí con su boca y con sus labios me honra, pero su corazón está lejos de mí". *Décimo,* Isaías profetizó que el Señor llevaría a cabo una obra maravillosa entre su pueblo, y que haría que "la sabiduría de los sabios pereciera y se desvanecería la inteligencia de los entendidos". Durante muchos años, los estudiosos de la Biblia no han tenido la capacidad para entender estas profecías que hacen referencia al Libro de Mormón porque no saben la forma en que se dio su cumplimiento. Y finalmente, el último punto: "en aquél tiempo los sordos oirán las palabras del libro y los ojos de los ciegos verán en la obscuridad y en las tinieblas". El Libro de Mormón ha llegado tanto a los ciegos como a los sordos por medio de equipo moderno y la tecnología Braille.

Es obvio que se da el cumplimiento específico y literal en esta gama de profecías hechas por el profeta Isaías. Es muy claro, también, que la Biblia hace referencia en forma muy específica al Libro de Mormón, y cómo sería restaurado por medio de José Smith.

Si hubiese algunos que negaran que el Libro de Mormón da cumplimiento a esta profecía, entonces deberán estar listos para explicar cómo se da cumplimiento a cada uno de estos acontecimientos. Pero no hay forma de que lo hagan porque no hay ninguna otra explicación válida.

Resumen:
Pruebas Bíblicas del Libro de Mormón

Resumamos, pues, al finalizar nuestras reflexiones sobre estas profecías de la Biblia relacionadas con el Libro de Mormón. Vimos ***Juan 10:16*** donde el Señor habla acerca de "otras ovejas que no son de este redil; . . . y oirán mi voz; y habrá un rebaño y un pastor". Les mostramos cómo se cumplió esta promesa en forma literal, al venir y aparecer ante los nefitas después de su resurrección. También que la interpretación que tenía referente a los gentiles era incorrecta, al leer ***Mateo 15:24*** cuando el Señor dijo: "No soy enviado sino a las ovejas perdidas de la casa de Israel".

Luego, cuando hablamos de la bendición que Jacob dio a su hijo José en ***Génesis 49,*** en la que profetizó que las ramas de José—no toda la casa de José sino sólo sus ramas—cuyos vástagos se extienden sobre el muro, y sus bendiciones se extenderían hasta el término de los collados eternos y sobre la frente de aquéllos que fueron apartados de entre sus hermanos. Ya hablamos acerca del cumplimiento literal de esta profecía, cuando Lehi y su familia navegaron por el océano hasta llegar a las Américas, la tierra de los collados eternos, y fueron separados de sus hermanos.

Después citamos del ***capítulo 37 de Ezequiel,*** la profecía de los dos palos en los que los registros de Judá y los registros de José serían combinados para que pudiesen ser unidos uno con el otro para que sean uno en la mano de alguien. Vimos como esto fue un acontecimiento en los últimos días que precedería al recogimiento de Israel, cuando las tribus de Israel y la tribu de Judá serían restauradas y unidas sobre las montañas de Israel. Podemos ver como esto se está cumpliendo, cuando el Libro de Mormón y la Biblia se unen y combinan como un testigo dual de que Jesús es el Cristo y que está recordando su convenio hecho con los descendientes de Abraham.

Luego citamos el libro de ***Salmos 85:11*** el cual dice que "la verdad brotará de la tierra, y la justicia mirará desde los cielos", y vimos como esto se cumplió literalmente cuando José Smith recibió las planchas del Libro de Mormón al estar el Ángel Moroni parado cerca y observando lo que hacía.

Luego analizamos ***Isaías 29*** y sus muchas referencias acerca de los acontecimientos del Libro de Mormón, al profetizar la caída de los nefitas y compararlos con la caída de Jerusalén: siendo que predijo el período de la gran apostasía cuando se cerraron los ojos de sus profetas y puso velo sobre las cabezas de sus videntes y dijo que la "visión de todos" sería por medio de la restauración del libro que está sellado. También hablamos cómo se hizo referencia directa a la primera visión dada a José Smith, en la cual el Señor le dice que los hombres lo honran con su boca pero que sus corazones están lejos de él, porque estaban enseñado doctrina de hombres. Luego vimos como Martín Harris llevó algunos caracteres de las planchas del Libro de Mormón al Dr. Charles Anthon, en quien se cumplió la profecía de Isaías cuando dijo: "No puedo leer un libro sellado". También hicimos una lista de once referencias específicas sobre profecías de Isaías 29, las cuales se han cumplido literalmente por medio del Libro de Mormón y su restauración.

Ahora, con todas estas profecías detalladas en la Biblia que se cumplen en el Libro de Mormón, ¿pueden ustedes negar que la Biblia indica claramente que el Libro de Mormón es también la palabra revelada de Dios, y otro testigo de que Jesús es el Cristo? Si realmente invitaron al Espíritu Santo a sus corazones, estoy seguro de que Él les dará testimonio de la veracidad de este mensaje.

Ustedes Pueden Obtener un Testimonio de que El Libro de Mormón es la Palabra de Dios

Al estar compartiendo este mensaje con ustedes, estoy completamente consciente de que finalmente tendrán que hacer su propio juicio acerca del Libro de Mormón. Si aceptan el mensaje de que la Biblia ofrece una prueba importante y significativa de que el Libro de Mormón es verdaderamente parte de la palabra de Dios que ha sido revelada, recibirán un Libro de Mormón, lo leerán y dejarán que éste toque sus vidas para bien. O tal vez rechacen este mensaje y lo desechen, y se olviden del Libro de Mormón. Tendremos que hacer ese juicio.

Ustedes saben que Moroni fue el último profeta que escribió en el Libro de Mormón y que fue el mismo ser que regresó y restauró los registros nefitas a José Smith; escribió algo muy importante acerca del juicio y lo encontramos en el Libro de Mormón, en ***Moroni 7:13-16*** y dice así:

"Mas he aquí, lo que es de Dios invita e induce a hacer lo bueno continuamente; de manera que todo aquello que invita e induce a hacer lo bueno, y a amar a Dios y a servirle, es inspirado por Dios. Tened cuidado, pues, amados hermanos míos, de que no juzguéis que lo que es malo sea de Dios, ni que lo que es bueno y de Dios sea del diablo. Pues he aquí, mis hermanos, os es concedido juzgar, a fin de que podáis discernir el bien del mal; y la manera de juzgar es tan clara, a fin de que sepáis con un perfecto conocimiento, como la luz del día lo es de la obscuridad de la noche. Pues he aquí, a todo hombre se da el Espíritu de Cristo para que sepa discernir el bien del mal; por tanto, os muestro la manera de juzgar; porque toda cosa que invita a hacer lo bueno, y persuade a creer en Cristo, es enviada por el poder y el don de Cristo, por lo que sabréis, con un conocimiento perfecto, que es de Dios".

Nefi, un profeta del Libro de Mormón, dio testimonio de los escritos que dejó. Su testimonio es típico de los escritos de todos los profetas del Libro de Mormón. En ***2 Nefi 33:10-11*** dice: "Y ahora bien, mis amados hermanos, y también vosotros los judíos y todos los extremos de la tierra, escuchad estas palabras y creed en Cristo; y si no creéis en estas palabras, creed en Cristo. Y si creéis en Cristo, creeréis en estas palabras, porque son las palabras de Cristo, y él me las ha dado; y enseñan a todos los hombres que deben hacer lo bueno. Y si no son las palabras de Cristo, juzgad; porque en el postrer día Cristo os manifestará con poder y gran gloria que son sus palabras; y ante su tribunal nos veremos cara a cara, vosotros y yo, y sabréis que él me ha mandado escribir estas cosas . . .".

Este es un testimonio sobre el cual necesitan reflexionar. Algún día, en el gran juicio de Dios, sabremos con seguridad que el Libro de Mormón es la palabra de Dios, pero ustedes seguramente lo pueden saber mucho antes. Lo pueden saber en cosa de días, como miles de personas lo han sabido con anterioridad. ¿Cómo? Lean el Libro de Mormón y conforme lo hagan, pídanle a Dios, en oración, que abra sus mente y su corazón, y que les diga si el libro es verdaderamente su palabra, y él les dirá ¡Se los testifico¡ Me lo testificó a mí y he visto cómo lo ha testificado a otras personas en cientos de situaciones. ¡Es un hecho! ¡Es verdadero! Y el libro es también verdadero.

La Promesa de Moroni: Pidan a Dios con Verdadera Intención

¿Saben ustedes que Moroni escribió realmente una promesa en ese sentido y la encontramos en el Libro de Mormón? Esa promesa ha sido leída y aplicada por millones de personas durante los últimos 180 años y más, y ustedes también lo pueden hacer; la encontramos en ***Moroni, 10:4-5,*** y dice así: "Y cuando recibáis estas cosas, quisiera exhortaros a que preguntéis a Dios el Eterno Padre, en el nombre de Cristo, si no son verdaderas estas cosas; y si pedís con un corazón sincero, con verdadera intención, teniendo fe en Cristo, él os manifestará la verdad de ellas por el poder del Espíritu Santo; y por el poder del Espíritu Santo podréis conocer la verdad de todas las cosas".

Esa es la promesa de Libro de Mormón; por favor lean el libro y aplíquenlo en sus vidas. Es una experiencia maravillosa recibir la guía y revelación de Dios, y ésta es la mejor manera que conozco de tener esta bendición en sus vidas. Pablo nos enseñó en ***1 Tesalonicenses 5:21*** que debemos "examinarlo todo" y luego "retened lo bueno". Apliquen este consejo en este caso. Lean y estudien el Libro y busquen el testimonio revelado de Dios de que el libro es verdaderamente su palabra y que deben aceptarlo y aplicarlo en sus vidas. Ustedes recibirán una respuesta si realmente piden con un corazón sincero, con verdadera intención y deseo de conocer la verdad y con una verdadera fe en Cristo, y el testimonio que obtengan será una de las bendiciones más hermosas que hayan tenido en su vida.

Pido a mi Padre Celestial que busquen ese testimonio y apliquen la promesa de Moroni, y que ustedes mismos sepan que el Libro de Mormón es verdaderamente la palabra de Dios. Pido esta bendición de nuestro Padre Celestial en el bendito nombre de su Hijo Jesucristo, nuestro Señor, Salvador y Redentor,

Amén.

Acerca del Autor

Duane S. Crowther es altamente reconocido como autor, estudioso de las escrituras, teólogo y conferencista. Graduó con altos honores de la Universidad de Brigham Young donde obtuvo su licenciatura en educación musical. Tiene también una maestría por la Universidad de Brigham Young en estudios del Antiguo y Nuevo Testamentos, y un Maestría en Administración de Empresas por la Universidad de Phoenix. Ha completado todos los cursos rumbo a su doctorado en educación musical en la Universidad de Utah.

Autor creativo y prolífico, el señor Crowther ha escrito más de cuarenta libros y tiene más de 30 conferencias en casetes; además ha escrito innumerables artículos y composiciones musicales en diferentes revistas. En su vida profesional ha sido instructor y director de Seminarios locales por La Iglesia de Jerucristo de los Santos de los Últimos Días. Ha enseñado clases para la Universidad de BYU, la Universidad de Utah y la Universidad de Phoenix; también ha ejercido como maestro de música en escuelas públicas. Ha sido dueño y ha administrado distintas tiendas de libros y de música. Durante más de tres décadas ha sido Presidente y Editor en Jefe de la compañía Horizon Publishers & Distributors, Inc., en Bountiful, Utah.

El Hermano Crowther ha escrito y ha producido espectáculos patrióticos para las estacas de su área, y ha sido conferencista en innumerables seminarios de negocios, seminarios de escritores, en las Semanas de Educación de BYU, conferencias de jóvenes y otras actividades de la Iglesia. Ha llevado a grupos de viajeros a Israel y países vecinos, y a Centro América.

Su vida ha sido de servicio continuo para la Iglesia. Ha prestado servicio en cinco misiones, incluyendo una misión de tiempo completo en Centro América y otra misión de tiempo completo en la Misión México, Ciudad de México Este, además de tres misiones de estaca en Virginia, Idaho y Utah. Ha sido Presidente de Distrito, Presidente de Rama, Líder del Grupo de Sumo Sacerdotes, Presidente de Misión de Estaca, Presidente de Quórum de Setenta y Presidente del Quórum de Élderes. También ha sido Superintendente y Presidente de la Escuela Dominical en varios Barrios, así como Superintendente y Presidente de la Mutual, Coordinador del programa de música del Barrio, director de los coros de la estaca y del barrio, instructor de clases de Doctrina del Evangelio para más de veinte años, y ha cumplido con muchos otros llamamientos como maestro e instructor de maestros. Otros llamamientos en la Iglesia incluyen obrero en el templo de Salt Lake City, y guía de turistas en Temple Square (la Manzana del Templo). Es un Master M Man y "Eagle Scout," el rango más alto de la organización de Niños Exploradores.

Casado con Jean Decker, quien también es autora y musicóloga, son padres de ocho hijos y residen en Bountiful, Utah.

Obras del Autor

Libros en Español

Amonestaciones Profética Inspiradas*—Profecías Modernas y del Libro de Mormón Sobre el Futuro de América*

Conceptos Corales*—Enseñado Técnicas y Herramientas que Ayudarán a Su Coro Lucir Maravillosamente*

José Smith*—Un Verdadero Profeta de Dios*

La Profecía*—Llave al Futuro*

La Vida Sempiterna, *Volumen I*

La Vida Sempiterna, *Volumen II*

Pruebas Bíblicas Sobre la Iglesia Restaurada y El Libro de Mormón

Usted Puede Leer Música*—Una Guía Rápida para el Conocimiento Musical*

Religión

America*—God's Chosen Land of Liberty*

Atlas and Outline of the Acts of the Apostles

Atlas and Outline of the Life of Christ

Born to Save Mankind*—New Insights on Events Surrounding the Birth of Christ*

Come Unto Christ

A Comprehensive Harmony of the Gospels

Doctrinal Dimensions*—Major Missionary Messages of the Restored Gospel*

Gifts of the Spirit

God and His Church

The Gospel Rolls Forth*—353 New Testament Events from Acts Through Revelation*

A Guide to Effective Scripture Study

How to Understand the Book of Daniel

How to Understand the Book of Ezekiel

How to Understand the Book of Isaiah

How to Understand the Book of Jeremiah

How to Understand the Book of Mormon

How To Write Your Personal History

Inspired Prophetic Warnings*—Book of Mormon and Modern Prophecies About America's Future*

The Joy of Being a Woman*—Guidance for Meaningful Living by Outstanding LDS Women*

Life Everlasting*—A Definitive Study of Life After Death*

The Life of Joseph Smith*—An Atlas, Chronological Outline and Documentation Harmony*

My Family Heritage*— Adult Personal History Starter Kit*

A Personal History Journal For LDS Youth*— from Birth Through High School*

The Plan of Salvation and the Future in Prophecy

The Prophecies of Joseph Smith*—Over 400 Prophecies By and About Joseph Smith and Their Fulfillment*

Prophecy—Key to the Future

Prophetic Warnings to Modern America

Prophets and Prophecies of the Old Testament

A Study of Eschatological Prophecies *Found in the Scriptures and the Works of General Authorities of The Church of Jesus Christ of Latter-day Saints (MA Thesis, Brigham Young University)*

This Is My Life*—Youth Genealogy Starter Kit*

Thus Saith the Lord

Música

Choral Concepts—Student Learning Guide, *Units 1-4*

Choral Concepts—Teachers Edition, *Units 1-4*

Fundamentals of Artistic Singing

Key Choral Concepts*—Teaching Techniques and Tools to Help Your Choir Sound Great!*

A Model Program for In-Rehearsal Teaching of Choral Concepts to High School Training Choirs
(Doctoral Dissertation, University of Utah)

Music Reading: Quick and Easy*—A Singer's Guide*

Teaching Choral Concepts

Teaching Choral Concepts*—Instructor's Kit*

Libros y Artículos Sobre el Arte de Escribir

Database Development for a New Products Master Plan
for Horizon Publishers and Distributors, Inc. (MBA Thesis, University of Phoenix)

Book Marketing*—Basic Industry Practices*

Book Publishing*—Basic Industry Practices*

Expository Writing*—Publication Evaluation Criteria for Book Publishers, Agents and Authors*

Fiction Writing*—Publication Evaluation Criteria for Book Publishers, Agents and Authors*

Manuscript Publication Selection Criteria for Book Publishers

Subject-matter Trend Analysis of Best-selling Religious Books

Subject-matter Trend Analysis of Best-selling Trade Books

Write With Power and Confidence*— Writing Techniques and Book-Industry Practices Every Author Should Know*

Discusiones Grabadas por el Autor

Anarchy in America*—Prophecies of Events Preceding the Establishment of the New Jerusalem*

Are You Saved?*—A Mormon's View of Faith, Works, Grace, and Salvation*

Armageddon

Biblical Proofs of the Book of Mormon

Biblical Proofs of the Restored Church

Doctrinal Evidences that Mormons Are Christians *—A Refutation of Misleading Statements Circulated by Anti-Mormon Critics*

Exaltation and the Kingdoms of Glory

Forty Keys to Family Emergency Readiness

From First Draft to First Edition
—A Step-by-Step Guide to Self-Publishing

God Speaks Through Prophets Today

God's Eternal Plan of Salvation

The Great and Abominable Church in Prophecy

He Comes in Glory
—The Second Coming of Jesus Christ
and Events Prophesied to Precede It

How To Recognize Spiritual Promptings

How To Seek the Gifts of the Spirit

Interpreting the Book of Revelation

Israel—Past, Present and Future

Joseph Smith*—A True Prophet of God*

A Latter-day Saint View of Christ and the Trinity

Missionary and Temple Work for the Dead

Nephi's Panoramic Preview*—2,500 Years in Prophecy*

The New Jerusalem
and the Council at Adam-ondi-Ahman

Paradise*—The Spirit-world Home of the Righteous*

Recognizing Techniques of Deception
in Anti-Mormon Literature

The Resurrection*—Doctrine, History and Prophecy*

Through Death Unto Life Everlasting

Understanding Isaiah in the Book of Mormon

Why Join the Mormons?

World War III*—God's Judgments Upon the Nations*

Ye Must Be Born Again